すべての教育は「洗脳」である

21世紀の脱・学校論

堀江貴文

光文社新書

はじめに　「何かしたい」けど「今はできない」人たち

「やればいいじゃん！」

これは僕が口癖のように言っているアドバイスだ。

起業したいなら、すればいい。女の子をデートに誘いたいなら、誘えばいい。海外留学をしたいなら、すればいい。会社を辞めたいなら、今すぐ辞めればいい。ぐずぐずしている暇があったら、全部「やればいい」。それだけだ。

しかし、多くの人はこれを極論だと考える。そして何もしない。「今はまだその時じゃない」とか、「もっとプランを練り上げてから」とか、「今いきなり会社を辞めたらみんなに迷惑がかかる」とか、あれこれ理由を並べて先送りする。以前はこれが到底理解できなかった。「やりたい」と言いながら、さまざまな言い訳を並べ立て「今はできない」と逃げ回っている人たち。彼らは、大きく二つのパターンに分けられる。

一つは「ほんとうは何もやりたくない人」だ。

口先では理想を語り、大きな夢を語るものの、本気でそれを実現したいとは思っていない。夢を語っている自分が気持ちいい、というタイプの人たちだ。

申し訳ないが、そういう人が本書を読んでも得るものはないだろう。悪いことは言わないから、今すぐ本を閉じて、もっと心地のよい「夢」を語ってくれる自己啓発書を買ったほうがいい。あなたのような人のために書かれた本は他にたくさんある。僕は現実逃避のための本ではなく、現実を変えるための本を書きたい。

もう一つのタイプは、「やりたい」と思いながら、それでもなかなか行動に移せない人たちだ。現状にさまざまな不満を抱えながら、ひたすら我慢し、現状を受け入れている。いざという時のため、ここ一番の大勝負の時のためにただ力を蓄え、せっせと刀を研いでいる。

彼らに対するアドバイスこそが、「今すぐやればいいじゃん」だ。

それでも彼らは、うだうだ言い訳を並べ、使いもしない刀を研いでいる。

本書が想定している読者は、こうした気持ちはあっても「決められない」人たちだ。

僕には長らく、彼ら（つまりあなたただ）の思考回路が謎だった。

自分の欲望を抑えつけるような「我慢」「準備」は積極的にするのに、どうして一番やりたいはずの「行動」には至らないのか。我慢によって、一体何を得ようとしているのか。

最初に断っておくと、僕は「我慢」が大嫌いである。

やりたいことがあったらすぐに行動に移すし、やりたくないことは極力やらない。現状に不満があるのにひたすら我慢するなんてありえない。

ただし、一度やると決めたことについては全力でやり抜く。そのための「努力」は惜しまない。この場合の努力とは、我慢とはまったく別物だ。僕の言う努力とは、どうしてもそれがやりたくて、誰に何を言われても走り続けること。足を止めないこと。つまり「夢中になること」なのだ。

日本には、僕のような「我慢しない人」を軽蔑する文化がある。

そして、「我慢強い人」を褒め称える文化がある。

どんなに不満があっても、どんなに理不尽な状況に置かれても、それを耐え忍ぶことを美徳とし、耐えしのいだ先にこそ「成功」が待っているかのような言説がまかり通っている。

ほとんどマインドコントロールに近い不条理なこの呪いが、この国全体を覆っている。

その原因は何か？

「学校」なのである。

旧態依然とした学校教育の中で、日本人は洗脳されている。やりたいことを我慢し、自分にブレーキをかけ、自分の可能性に蓋をすることを推奨する恐ろしい洗脳が、白昼堂々なされているのが今の学校なのだ。


僕もふくめ、一般的な学校教育を受けた人たちは皆、「いざという時」のために学校に通わされ、役に立つのか立たないのかわからない勉強をさせられてきた。その間はもちろん、やりたいことを我慢し、やりたくないことも受け入れるしかなかった。

たとえば受験、就職、キャリアステップ。あるいは結婚、出産、子育て。さらには定年退職、老後。学業だけではない。多種多様な「いざという時」に備えて今は我慢しなさい、というのが大人たちの理屈だ。

これは、「貯金」や「保険」とまったく同じ考え方だ。買いたいゲームがあり、欲しい天体望遠鏡があるのに、「将来のために」とお年玉を貯金させられる。今の欲望を我慢して、ありもしないリスクに備えて貯金させられる。あれとまったく同じ構造である。

問題は、この「貯金」的な学び方、我慢の仕方が、学校を卒業してもずっと人を縛るものだということだ。

冒頭に挙げた「やりたいけど、やらない」人たちの脳裏にあるのも、「自分はまだ実力不足だから」という自己否定に他ならない。

やりたい、動き出したい気持ちはある。右足はなんとなくアクセルペダルを踏んでいる。でも同時に、左足でブレーキペダルをベタ踏みしている。しかし、そのことに気づけない。我慢が習慣化しているからだ。学校教育が作り出すのは、こうした無自覚の習慣に他ならない。

教育は、よく「投資」にたとえられる。

子どもたちへの教育は未来への投資だとか、社員教育は会社にとって投資であるとか、スキルアップのための自己投資といったフレーズは、あなたもしばしば見聞きするだろう。

僕ももちろん、「学び」はそれぞれにとっての投資であるべきだと思う。投資とは、投資した側へのリターンが発生すること、すなわち投入した資本がそれ以上に大きな価値を社会に生み出すことをいう。

だが、今の学校教育は「投資」になっていない。いざという時に引き出すための「貯金」にとどまっているのだ。その理由は、これから明らかにしていこう。

これまで僕は、「学校なんていらない」とあちこちで発言してきた。貯金型の勉強がどれだけ無意味か、よく知っているからだ。でも、正面切って教育について論じたことはない。諸悪の根源が教育であることは痛感しながらも、それを実際に変えるのは専門家の仕事だと思っていた。

最近、その考えが変わってきた。

僕は一度も学校に洗脳されたことがない。だから一貫して、「投資型」の学びを続けてこられた。みんなが学校生活で受けた「洗脳」を解くのはむしろ、僕のような人間の役目なのかもしれない。

投資型の学びに我慢は不要。貯金の本質は我慢である。そして99％の我慢は、ただの思考停止にすぎない。

一方、投資の本質は先読みだ。自分が何を求め、どんな社会でどう生きたいのか考え抜くことが求められる。本当の学びにふみ出し、本当の自己投資をするためには、まず学校教育の洗脳を解かなければならない。

本書は、あなたを縛る、学校教育という洗脳を解くための一冊だ。

できれば、日本に生まれ育ち、当たり前のように教育を受けてきたすべての人たちに読んでもらいたい。

本書を読み終え、前に進み出したときにあなたは気づくだろう。

身動きが取れなかったのは環境のせいではなく、ブレーキペダルをベタ踏みしていた自分自身のせいだったことに。

すべての教育は「洗脳」である　目次

第2章　G人材とL人材

第3章　学びとは「没頭」である

第4章　三つの「タグ」で自分の価値を上げよ！

取材・構成／小池未樹（ｂａｔｏｎｓ）
校正協力／伊東玲花、山野壮志、蒔苗太一、西野誠、
鈴木貴子（以上、堀江貴文イノベーション大学校サロンメンバー）

第1章　学校は国策「洗脳機関」である

あなたはすでに洗脳されている

あなたは、「洗脳」という言葉にどんなイメージを抱いているだろう?

悪の組織が善良な市民を捕らえ、怪しげな機械にかけて自分の手駒にしてしまう、そんな『仮面ライダー』に出てくるような光景だろうか。あるいは、たちの悪いマルチ商法のセミナーや、カルト宗教を思い浮かべるだろうか。

一般的に、なんらかの意図を持った存在が、人の思想を強制的にねじまげていくことを「洗脳」と呼ぶ。その行為に、良いイメージを抱く人はいない。

でも、あなたが「洗脳は悪い人たちによる特別な行為で、〝常識的〟に暮らしている自分とは関係のないものだ」と思っているのならそれは大違いだ。

僕は世代的に、宗教団体・オウム真理教による一連の事件のことをよく覚えている。彼らが、大規模テロである地下鉄サリン事件を起こしたのは1995年のこと。僕が最初の会社を設立する直前だった。

教祖である麻原彰晃の教えに「洗脳」された信者たちは、世界の救済のために化学兵器であるサリンを地下鉄に撒き、なんの罪もない多くの市民の命を奪った。

この時センセーショナルな話題の一つとなったのが、逮捕者の中に、高学歴の若者が多かったことだ。特に幹部たちのプロフィールを見ると、慶應義塾大学医学部卒、早稲田大学理工学部応用物理学科の首席卒業など、そうそうたる学歴が並ぶ。信者の中には、現役東大生、京大生など在学中の学生も大勢いた。

メディアはこぞって「あれだけの高学歴で、なぜ新興宗教に⁉」と大騒ぎしていた。世界的エリートになるはずの者たちが、あんな宗教にダマされるなんてわけがわからない、というわけだ。

でも僕は、「高学歴の若者たち」がカルト宗教に洗脳されたことを、特に不思議とは思わなかった。僕の眼に映る彼ら学校教育のエリートは、「洗脳されることに慣れた人たち」だった。もともと洗脳に慣れた人たちが、信仰先を変えただけ。そんな風に感じたのである。

身近な例で説明しよう。あなたの周りにも、いわゆる「恋愛体質」の友人がいるだろう。その人が「この子以外考えられない」と大恋愛していた恋人と別れ、すぐさま別の新しい恋人と、「人生最大の大恋愛」を繰り広げていたとする。あなたはそれを不思議だと思うだろうか？　思わないはずだ。彼あるいは彼女は、「恋愛すること」それ自体に対して常にスタンバイできているのだ。だからこそ、何度でも「人生最大の恋」にどっぷりと浸ることができきるのである。

オウムに「洗脳された」人たちも、そこで人生初の洗脳を受けたわけじゃない。もともといろんなものに洗脳されきっていた脳みそが、「いつものパターン」として、オウムの洗脳を受け入れただけなのだ。

後の報道によると、教団の中の仕組みは、「外」の社会とほぼ同じだったという。たとえば、6段階に分かれた「階級」。信者たちは、閉じられた宗教世界での「昇進」のために、せっせと修行をしていたのである。ちなみに、高学歴であるほど教団幹部にはなりやすかったという。学校のテスト勉強や、会社での出世争いと何も変わらない。

また幹部の信者たちは、教祖である麻原彰晃を「親」のように慕ってもいたそうだ。自分の活動を麻原に認められることは、「親から褒められる」ような喜びを彼らにもたらしていたのだろう。

彼らは結局、出家と称して世俗から離れた後も、「親のようなもの」を求め、「学校や会社のようなシステム」を欲し続けていたのだ。これらの欲求の根っこにあるのは、「目上の人に認められるのはいいことだ」「与えられた環境で我慢（修行）し、上の位をめざすべきだ」といった、誰もが抱えるごくありふれた思い込み——そう、「学校で教えられた常識」である。

さて、この「洗脳されることに慣れた人たち」は、特別な時代の、特別な場所にだけ存在する、特殊な人たちなのだろうか？

そんなことはない。彼らはごく標準的な日本人であり、極論するなら、あなたもまた「会社」や「組織」の中で彼らと同じように振舞っているのだ。

僕は宗教には何の興味もない。否定も肯定もしない。それによって幸せになれると思うのであれば、好きな神様を拝めばいいと思う。だけど、「常識」への信仰だけはおすすめしない。はっきり言って、幸せになれる確率が低すぎる。その理由もおいおい述べよう。

残念ながら、普通に暮らしている限り、「常識」という教養の危険性に気づく機会は少ない。それは「常識」の洗脳が、国家ぐるみで行われているからだ。国家は、全国に４万６０００箇所もの〝出先機関〟を設け、この国で暮らす人たちすべてをその魔の手にかけている。

その出先機関とは、「学校」だ。

本章では、あなたを洗脳した「学校」の正体に迫ろう。彼らはなぜ、誰を、どのように洗脳しようとしているのか。それを知ることが、あなたが洗脳から逃れる第一歩になるはずだ。

学校は「常識」を植え付けるためにある

「どうして学校に行かなきゃいけないの？」

この質問に大人たちは、「学問を修めるため」「世の中で必要な知識を学ぶため」などと答える。

しかしあなたは、社会に出て以降、学校で学んだ知識のうちどのくらいが「役に立った」と感じただろうか？　5割や6割、下手をすると7割以上の知識が「役に立たなかった」のではないだろうか。

それも当然だ。学校が教えることの9割は「知識」ではないからだ。学校にとっては知識など、添え物程度の意味しかない。学校はただ、ゆがみきった「常識」を植え付けるために存在する機関なのである。

ここで簡単に「知識」と「常識」の違いについて触れておこう。

知識とは、原則として「ファクト」を取り扱うものだ。主観の一切入り込まない事実（ファクト）にもとづく知。それが知識である。

一方、常識とは「解釈」である。主観の入りまくった、その時代、その国、その組織の中でしか通用しない決まりごと。それが常識である。日本でよく見られる儒教的な道徳規範などは、まさに「常識」の最たる例だ。

つまり、ただそこに存在するのが知識であり、誰かの手によってつくられるのが常識だと考えればいいだろう。

それでは、なぜ学校は恣意的な常識を人に押し付けようとするのか？　その常識によってどんな人間を育てようとしているのか？

一言でいえば、従順な家畜である。

社会は、とくに旧来型の企業では、従順な働き手を求めている。したがってその養成段階である学校で子どもたちは道徳規範を叩きこまれ、学力という形で「従順さ」に点数がつけられていく。

受験のため、卒業のため、就職のため、どんな理不尽な勉強にも耐え、ひたすら情報処理能力を磨いていく。そんな従順さの指標が、受験社会における「学力」だ。

企業からすると高学歴の人間は、理不尽な作業への耐性が強いという判断になる。いまだ体育会系の学生へのニーズが高いのも、要するに「従順さ」と「理不尽への耐性」が強いとみなされているからだ。

ちなみに僕はいつも教師に食ってかかる生意気な小学生だったし、中学・高校では落ちこぼれで、大学はドロップアウトした人間だ。

今になって思えば、僕が生意気だったのは、落ちこぼれだったからでも、ドロップアウトしたからでもない。ただ、大人たちが押し付けるつまらない常識に従わなかっただけなのだ。常識を疑い、常識に背を向けたからこそ、今の自分がある。かくして僕は運良く「洗脳」されずにすんだのだ。

「使いやすい労働者」を大量生産する工場

学校は、そこに通う人間を、とにかく「規格」どおりに仕上げようとする。建前上は「個性を大切にしよう」「のびのびと育ってほしい」などと言うものの、その裏にはいつも「ただし常識の範囲内で」という本音が潜んでいるのだ。

一般的に日本の工業製品は歩留《ぶど》まり（全生産量に対する、不良品でない製品の割合）が高いとされている。

徹底したマニュアル化、オートメーション化、何重にも及ぶ検品体制の整備などによって歩留まりの高さを実現し、顧客ニーズに応えてきた。

学校も同じだ。教師は子どもたちに同じテキストを暗記させ、同じ数学の問題を解かせ、同じルールで採点していく。赤点を取ったり、問題行動を起こしたりした子どもは、どうにか「規格内」になるよう尻を叩く。そして、「会社」に納品する。

もし子どもたちが生きた人間ではなく学習機能を備えたロボットだったら、この〝規律訓練〟を経た後は全員がテストで１００点を取り、逆上がりを完璧にこなし、美しい言葉遣いをする「製品」に仕上がっていっただろう。

人間を工業製品にたとえることに不快感を覚える人もいるかもしれない。ただ、学校と工場が似ているのは、実は当然のことなのだ。そもそも学校は、工場の誕生と連動して作り出された機関なのである。

一定の年齢に達した国内の子どもを1箇所に集め、読み書きや計算を教える——こうした学校制度の基礎は、19世紀、つまり産業革命期のイギリスで生まれた。

当時のイギリスは、ヨーロッパの覇権をいち早くつかみつつあった。そして重火器の発明や、その大量生産を可能にする工業力増強の動きが、社会に産業革命をもたらした。

この時庶民は、「大量生産を目的とする工場で労働し、その報酬をもらう」という新しい働き方を得た。そして、工場を作る資本を持つ富裕層、つまり資本家たちは、「いかに大勢の働き手を集め、効率良くマネジメントしていくか」という課題を抱えることになった。「会社」的な世界観のはじまりである。

工場の誕生によって、古くからの家庭内手工業に従事していた職人たちが一斉に職を失う。同時にその子どもたちも、「親の跡を継ぐ」という道が閉ざされ、文字通り路頭に迷った。

産業革命以前、子どもは立派な労働力の一部であって、保護する対象ではなかった。だから当初、子どもたちは大人と同じように工場で働かされ、劣悪な労働条件や大気汚染の中、猛烈な勢いで死んでいった。

さすがにこれではまずいということで、政府が主導して作ったのが「学校」である。学校の大きな役割は二つあった。一つは子どもの保護。そしてもう一つは、彼らを「望ましい工場労働者」へと育てあげることだ。

政府にとって、工場労働者の確保は死活問題だった。工場の生産性は、国家の軍事力と直結している。しかし、ただ単に人手があればいいというわけでもない。工場の生産性を上げるために必要なのは、基礎的な学力、忍耐力やコミュニケーション能力といった、複数の能力を兼ね備えた「人的資材」だった。

21世紀の日本だったら、一定水準を満たした人材を集めるのに、大した手間はかからない。

「こんなアルバイトを求めています」「弊社の新卒入社資格は下記の通りです」。ＳＮＳや求人情報サイトに、こんな文句を並べればそれですむ。あとは、実際にやってきた人間をふるいにかけるだけだ。

でも、19世紀にはリクナビもスマホもない。ある要求水準を満たす大人を、何千人・何万人という単位で集めるのは容易なことではなかった。

読み書きそろばんができ、指定された場所に毎日規則正しく通い、リーダーの指示に耳を傾け、言われた通りの作業に励む。そんなサイクルをこなせる「きちんとした大人」を大量に用意するには、子どもの頃から仕込むのが一番てっとり早い。

つまり学校はもともと、子どもという「原材料」を使って、「産業社会に適応した大人」を大量生産する「工場」の一つだったのである。

今の学校も、この原則はまったく変わっていない。学校で押し付けられるのは、「工場＝会社」の予行演習のようなことばかりだ。たとえば時間割の厳守、全体行動、一方的な評価、ボス＝教師の言うことへの服従……。

そして今の子どもたちも、雇用者にとって管理が楽な「望ましい労働者」としての規格からはみ出ないよう、「常識」をせっせと教え込まれているのである。

「国づくり」のための学校

それでは国家は、ただ工場労働者の育成のため、全国規模の学校システムを作ったのだろうか？　そうではない。国家が育成したいのは、第一に優秀な「国民」である。

国家が国民に求める「務め」は、大きく三つある。兵士として戦うこと、出産すること、そして納税だ。

国民から、「国家なんてどうでもいいから戦いたくない」「子どもを産まずに自由な人生を送りたい」、なんてことを言われたら国家は困ってしまう。だからこそ、「国民としての意識」、つまりナショナリズムを強く持った従順な人間を国家は求める。

そして学校は、国民のナショナリズムを育むための恰好の教育機関だった。

国家権力を持つ人々は学校をフル活用し、人民がまだ幼く判断力の低いうちから、「常識」という形で「国家にとっての理想の国民の姿」を頭に刷りこませた。

つまり、子どもたちが優秀な納税者となるよう、労働に必要なイロハを叩き込み、多くの国民を出産（製造）してくれるよう、あるべき家庭像の価値観まで植え付けたのだ。

「工場（企業）に勤め、たくさんのお金を稼ぎ、結婚して子どもを持つのが、国民として一番まっとうな人生だ」

産業革命時代に作られたこの価値観は、時代も国境も超えて、現代の日本まで脈々と受け継がれている。国家による洗脳教育がうまくワークしている結果だと言わざるを得ない。国家・企業・学校は、今なお決して切り離せない鉄のトライアングルなのだ。

しばしば僕の発言は、ネット上で大炎上し、「売国奴」呼ばわりされることがある。国防や天皇制について口を開けば、ほぼ１００％「売国奴」の大バッシングだ。

しかし、そもそも「国家」も「国民」も、〝ヴァーチャル〟な存在だとは言えないだろうか？

「海の上に散らばっている島のここからここまでが日本という国で、そこに住んでいる人たちはみんな日本人」という意識は、明治維新以降、人工的に作り出されたものだ。日本が一つの国家としてまとまったのは、ごく最近のことなのである。

たとえば江戸時代の庶民に、「私は日本人である」というアイデンティティはない。生まれた家、住んでいる村といったレベルで自己を定義していた。それは彼らに、それ以上の広い概念は必要なかったからだ。

もともと近代以前の庶民には移動の自由がなく、生まれた土地から出ずに一生を終えるのが当たり前だった。誰もがローカルな範囲で生きているから、どれだけ詳しく名乗るとしても、「隣の○○村から来た、堀江家の長男の貴文です」という程度ですむ。国規模でものを考えられるのは、藩を超えて移動する機会を持つ武士や、ごく一部のエリートだけだったのである。

ところが明治維新を機に人々は突如、「国家」という概念があること、自分たちが「国民」であることを教えられることになる。

「国家」は、想像上の産物である。「モノとしての国家」があるわけではない。「織田信長」と呼ばれる人間はいても、「モノとしての織田家」という実体が存在しないのと同じだ。

ただし、想像上の産物には大きな強みがある。そのイメージを大勢に共有してもらうだけで、「それは実際に存在するものだ」ということにできるのだ。

僕たちが1万円札に「1万円の価値」を見出すのは、その価値基準を日本人全員で共有しているからだ。つまり、みんなで「この紙切れは1万円の価値を持つ」と信じているからこそ、「1万円札」という概念は成り立つ。僕一人が「これは1万円の価値を持つ紙切れだ」と思っていても、それで買い物はできない。大切なのは、いかに大勢に、いかに強くその概念を「信用」させるかなのだ。

ここで、「学校」の出番がやってくる。

国家という幻想を存在させるのは大変だ。パスポートを与えられればすむという話ではない。住民登録するだけでも駄目で、国家のために働き、税を納め、子を産み、果ては国家のために戦地に赴くような「国民」を育ててこそ、国民国家は成立する。書類上の手続きで成立するものではなく、民衆の意識改革を伴ってこそ「国民」であり、「国家」なのだ。

そうした国民意識の形成には、学校教育が欠かせない。人間に何かを仕込むには、幼く、判断能力の低いうちに行うのがもっとも効率がいい。

「国家の存在を伝え、そのイメージを強化していく機関」としての役割を持った学校は、政府の支援を受けて、猛烈な勢いで進化していく。

だから世界のどの国でも、学校の誕生・発展はナショナリズムの台頭と連動している。まずイギリスがそうだったし、フランスやプロイセンも、そのイギリスの大躍進に対抗して教育制度を整えた。近代以降、国家間の緊張が高まっていく中で、多くの国家が学校を使い、自国民の愛国心を育てたのである。

よく知られているように、戦前の日本は、愛国教育をあまりにも過度につきつめた国だった。

もともと日本人には、儒教の流れで、「お家」を何より尊ぶ思想が根づいている。中世や近世の武士は、「お家のために死ぬ」ことを常識としていた。

日本人が江戸時代から愛してやまない『忠臣蔵』を見てみればいい。これは、主君浅野内匠頭《たくみのかみ》を失った家臣たちが、主君と赤穂藩の名誉のために仇の家に攻め入り、全員が壮絶な切腹を果たすという物語である。「自分の家、あるいは仕えている家の名誉のために命を捧げる」行為が、大変な美徳としてもてはやされる土壌がすでにあったのだ。

大日本帝国時代の政府が作り上げた国家像は、この「お家」の拡大版である。政府は、愛国教育を徹底し、国民の頭の中に「どこよりも尊い国、日本」を誕生させた。その結果、多くの日本人が「神国日本のために」と命を落とすことになったのだ。

年寄りはいまだに『忠臣蔵』が大好きだが、それはこの「お家のために」という物語に酔いしれているからなのだろう。それだけ、この美徳の呪いは強力なのである。

戦時中をひきずる学校、会社、日本人

かつては国家主導で行われていた愛国教育・国民教育も、敗戦を経て民主的なものになった――そう思っている人が多いだろう。しかし実態は違う。日本は、今も戦前からの常識を

しつこくひきずり続けている。

数年前、こんな報道があった。某回転寿司チェーンが、新人研修で「社訓」を暗唱できなかった内定者に、入社辞退を求めていたというのだ。

「私は、常にプラス思考で働きます！」

「私は、お客様とのふれあいを何よりの喜びだと考えます！」

そんな文句を研修で内定者に教え込み、いつでも素早く暗唱できるよう厳しくしごく。それが、この会社の恒例だったのだという。やっていることがまるきり洗脳だ。まったくゾッとする他ないが、同じようなことをしている企業は他にいくらでもある。そしてこの洗脳のあり方は、戦時中の学校とまったく同じなのである。

明治5年、日本最初の近代的学校制度に関する基本法令である「学制」が公布された。この法令はフランスを手本に作られたもので、その後情勢の変化に合わせて学校制度には何度も改良が加えられていく。

その中でも大きな転換点だったのが、１９４１年に出された「国民学校令」だ。「国民」という言葉を冠していることからもわかる通り、「理想的な国民」の育成に重きをおいた勅令である。

この時期の日本が求めた「国民」とは、要は「軍人」だ。すべての学校は、天皇を大元帥と仰ぎ、お国のため死ぬまで戦い続ける軍人をつくるための「軍人学校」として再整備された。そこで、明治天皇のお言葉である「教育勅語」が、国民の絶対的な指針として祭り上げられるようになった。

教育勅語は、子どもに「孝行」や「友愛」など、「十二の徳目」を教え込む内容になっている。大人たちは、これらの徳目を備えた「立派な日本人」になることがあなたたちの務めである、と子どもを指導した。つまり、「学校」という工場における、「日本人」という製品の品質チェックの基準が、これによってはっきりしたのだ。

子どもたちは教育勅語の暗記を義務づけられ、授業や行事の中で頻繁に暗唱させられた。暗唱できない子は殴られたり、「非国民」とののしられたりした。

某回転寿司屋がやっていたのは、つまりは企業内教育勅語である。そうやってできあがるのはきっと、目を輝かせて「会社のためなら死ねます!」と言う社員なのだろう。実際に過労死したり、過労自殺したりする人がいるのもこれと無関係ではない。

では、一部のブラック企業だけが戦前の価値観を引きずっているのか? 違う。現代の学校も、下敷きにしているのはこの時代のシステムだ。

たとえば教科書。ほとんどの学校は、特殊な例を除いて、国の検定を受けた教科書（文部科学省検定済教科書）しか使えないことになっている。この制度の前身は、１９０３年から終戦まで続いた国定教科書制度だ。この時期は、国が編集・発行した教科書しか教育現場では使えなかった。

国定制から検定制になったのだからいいだろう、と思うかもしれない。でも、本質的には何も変わっていない。結局は、「国の認める内容以外を教えてはいけない」ということなのだから。

そもそも、使用する教科書を国家がチェックするという制度自体、先進国の中では極めて稀である。日本以外で検定制（国定教科書）を採択している国を見ると、韓国や中国、ロシア、そしてトルコやキューバなどの開発途上国が続く。欧米の先進国に、こんな制度はない。どんな教材を使うかは、それぞれの学校の判断に任されている。残念ながら日本では、こうした自由裁量はまかり通らないだろう。

さらには「道徳」の授業だ。「家族は仲良くしなければいけません」「他人に迷惑をかけてはいけません」。そんな道徳的価値観を、誰もが学校教育を通じて学ばされる。これも元をたどれば、戦前の学校にあった「修身」という科目の名残である。

お涙頂戴の物語や、予定調和の議論で子どもの道徳精神を育もうだなんて、おせっかいを通り越してバカバカしいの一言につきる。それを教える教師も、教わる生徒も、ほとんどは「くだらない」と思っているはずだ。

にも拘《かか》わらず、政府の側は大真面目なのである。それは、教育の目的の一つが「人格の完成」にあるからだ。教育基本法の第1条には、「教育は、人格の完成を目指し、平和で民主的な国家及び社会の形成者として必要な資質を備えた心身ともに健康な国民の育成を期して行われなければならない」とある。

子どもは人格的に完成していない、だから「あるべき人間像」としての道徳を教え「完成」に導かなければいけない……日本の学校教育の芯にあるのはこうした考え方だ。一方では子どもたちの人権を語りながら、もう一方では子どもたちを未熟で不完全な存在として断じている。学校が嫌な場所になるのも当然のことだ。

結局、軍国時代に基礎が築かれた教育システムというのは、人を鞭打ち、「お前は半人前だ。早く一人前の軍人になって、戦えるようになれ」とけしかけるものでしかない。そしてこの21世紀になっても、大半の学校は、当時のシステムを考えなしに踏襲している。

それは、多くの人が持っている「戦前は軍国主義教育だったから間違っていた」という短絡的な意識が原因だ。

問題の本質は、国家が人間の規格＝「常識」という鋳型を作り、そこに人間を無理やり押し込めようとすることにある。その教育システムそのものの誤りに気づいていないから、今でも学校は恣意的な常識の洗脳機関なのだ。

はっきり言おう。もう「学校」は必要ない。

子どもたちを１箇所に集め、同じ時間、同じカリキュラムで、同じ教科書によって学ばせる。現在の「学校」が、こうした旧来の形をとどめていること自体が、軍国主義教育時代の名残でしかないのである。

国などなくても生きられる

ここまで書いてきたように、産業革命に起源を持つ学校は、直接的には工場労働者の育成機関であり、もっと大きな意味では「国民」の養成機関だった。

しかしその役割は、着実に解体されつつある。人工知能やロボット・テクノロジーが目覚ましい発達を遂げている今、国家が工場労働者の育成に励む必要はない。

では、「国民」を養成する必要はあるのか。

ない、というのが僕の結論だ。僕が学校を不要だと断言する、最大のポイントはここにある。

もう、「国民国家」というフィクションは力を持っていない。「国家」はなくなりつつある。早晩、僕らがイメージしていたような形の国家は消滅するだろう。

たとえば、あなたが明日から、シンガポール勤務を命じられたとする。

不安はあるだろう。自分の英語力でやっていけるだろうか、自宅や周辺のインフラはどうなのか、友達はできるのか、家族はどうなるのか、いろいろな思いが頭の中を駆け巡るはずだ。

でも、「そこでは生きていけない」とまでは思わないだろう。今やインターネットという万能の武器があるからだ。インターネットさえ使えれば、日常の大半の問題を即座に解決できる。

逆に、もし明日から日本でインターネット禁止令が出たとしたら？

もちろんスマホは使えない。パソコンは無用の長物となり、代わりにえんぴつとノート、押し入れに仕舞い込んでいた分厚い辞書や百科事典を持ち出さなければならない。友達に連絡をしたかったら、今や大半の日本人が慣れ親しんでいるＬＩＮＥアプリは使えない。東京のど真ん中で道に迷っても、グーグルマップではなく、紙の地図を見るしかない。取引先とも電話とＦＡＸだけのやり取りになる。

……不便だ。そんな国など、さっさと捨て去りたくなるのではないだろうか。

インターネットはそれほどまでに我々の生活に浸透し、もはや欠かせないものになっている。

もちろん、移住先がシンガポールでなく中国の僻地だったら、メキシコの凄まじく治安の悪い町だったら、という極端な例ではまた話は違ってくる。しかし、少なくとも先進国ならば、住む場所によって現代人の生活様式が決定的に変わることはない。これは、実はすごいことなのだ。

インターネットがもたらしたものについて、「国境がなくなった」と考えている人は多い。遠い外国の情報を瞬時に、リアルタイムで入手できるようになったと。しかし、インターネットがもたらした本当の衝撃は、国家がなくなることなのだ。

今は、世界中の情報が手のひらのスマホに集まってしまう。グローバル企業が提供するサービスにどっぷりハマった日常を生きることによって、僕たちの「○○国に住む○○人」という意識は着実に薄まっている。

それは、一部の年寄りが言うように、日本人が軟弱になったからなんかじゃない。「国は命より大事なものである」というストーリーに説得力がなくなっただけだ。「日本に住む日本人である」ことよりも、「インターネットがつながっていること」「アマゾンの配達が届く場所であること」「スマホの充電ができること」の方が、日々の生存戦略に関わってくる。

これは、「国の権威」よりも「テクノロジーの利便性」の方が、人々の生活において大きな存在感を占めるようになってきたことを示している。

あるいは、こんな想像をしてみてほしい。政府から「国民の暮らしを豊かにします」と言われるのと、グーグルやフェイスブックに「あなたたちの暮らしを劇的に便利にするアプリを開発中です」と言われるのと、どっちに期待してしまうだろう？

「国家は消滅しつつある」というのは、実はこういうことなのだ。「自分たちの生活は、すべて国家にかかっている」「日本のためなら死ねる」といった意識を、もはや人々は共有できない。そして、意識の共有なくして、「国民国家」は成り立たない。

もちろん、まだ「国」という枠組みは残っている。国家（税金による富の再分配）という機能は今後も残るだろう。だが、それを支える「国民」、そして国民国家という概念はもははやファンタジーにすぎない。というより、そもそも想像上の産物なのだから化けの皮がはがれたと言うべきか。

今や「国民」を作るための洗脳装置は不要になった。これから人類は、「国」から解き放たれた、真に自由な「民」になるのだ。

「違う国」という意識の溶解

国家の消滅がうまくイメージできないなら、「国」をスケールダウンさせて、「都道府県」で考えてみるといい。

２００６年の８月20日、21日。この２日間、第88回全国高等学校野球選手権大会決勝戦が行われた。決着がつかずに再試合となったため、連日の対戦となったのである。

対戦カードは、初優勝を狙う早稲田実業学校高等部と、大会３連覇を狙う駒澤大学附属苫小牧高等学校。ハンカチ王子こと斎藤佑樹投手と、現在ニューヨーク・ヤンキースで活躍するマー君こと田中将大投手の２日間にわたるエース対決を記憶している人は多いはずだ。

さて、マー君の出身校である駒大苫小牧高校は、南北海道代表校である。だが、彼は兵庫県の出身だ。

野球ファンならよく知っているように、これは珍しくもなんともない、ありふれた強豪校の光景である。

このことをあなたはどう思うだろうか?

なんとも思わない、という人が多いはずだ。他の地域からやってきた高校球児たちに、古き良き「故郷に錦を飾る」意識などない。その都道府県を代表しているとも言えないかもしれない。だけど、それを理由に地元民が「落下傘」選手を応援しないなどということはない。選手の出身がどこであろうが、熱い応援合戦を繰り広げる。

つまり甲子園において、「都道府県の代表」という枠組みはもはや、「謎の覆面レスラー」と同じくらいのファンタジーでしかないのだ。人々は、大会を成立させるための装置として「都道府県の代表」というファンタジーを受け入れ、楽しんでいるのである。

でも、ほんの150年ほど前までは、こんなことは考えられなかった。

都道府県の前身は藩だ。そのさらに前の時代には、律令制に沿った「国」が置かれていた。これらは、今でいうところの国家と同じくらい強固な領域として機能していた。違う藩、違う律令国の人間は「違う国の人」だ。

結局のところ、「別の世界」というイメージを作り出すのは、「接触コスト」だと言える。

たとえば、アメリカ人を「違う国の人」と感じる最大の理由は、お互いが住んでいる場所の違いであり、使用する言語の違いだ。ここを乗り越えるには、これまでだったら時間、お金、労力（英語学習）など、相当なコストがかかった。だからこそ「違い」を意識せざるを得なかった。

しかし、今やテクノロジーの進歩によって、このコストが限りなくゼロに近づきつつある。そもそも、コミュニケーションをとるだけだったら、スカイプやＬＩＮＥで十分に、しかも無料でできる。互いの言語に精通していなくても、グーグル翻訳を使えば簡単な会話くらいならすぐできてしまう。

今後、ＡＩ技術の発達で自動翻訳アプリが実用レベルに達したら、アメリカ人を「違う国の人」と感じる機会も大幅に減るだろう。それはすなわち、「国民国家」というファンタジーの瓦解を意味する。

今、「世界」とつながるためのコストは極限まで小さくなりつつある。人はもう、大概の場所に簡単に行けてしまう。簡単に行けるということは、あえて行かなくてもいいということだ。「場所」の意味が失われたとき、都道府県も国民国家も、すべては「人生を楽しむためのファンタジー」に変わるのである。

現に、日本人の芸人の猫ひろしが、「カンボジア代表」としてオリンピックに出場した事実だってある。甲子園の「南北海道代表」がファンタジーであるように、ワールドカップやオリンピックの「日本代表」だって、すでにファンタジーなのだ。

「居場所」は自由に作れる

ここで断っておくと、僕はフィクションやファンタジーそのものを否定しているわけではない。

歴史学者のユヴァル・ノア・ハラリは、その著書『サピエンス全史』の中で、人間がこんなにも進化したのは、人間にはフィクションを作り、大勢で共有する能力があったからだと論じている。

たとえば信仰というフィクションを共有できれば、初めて会う人間同士でも、「同じ神様を信じている仲間」だから、仲良く手を取り合える。

「あいつらは悪しき民族で、存在するべきではない」というフィクションを共有できれば、力を合わせて大量殺戮《さつりく》だって成し遂げられる。実際に歴史が証明していることだ。

フィクションを介した結びつきや戦いが、人間の知性を刺激し、文明を成熟させてきたのだ。明治時代の日本が一気に列強にのし上がれたのも、「国民国家」というフィクションの創作に成功したからに他ならない。

その成功の恩恵を受け、日本人は今生きている。しかし、明治時代以前のフィクションを更新して近代日本が生まれたように、大昔のフィクションを後生大事に守り続ける必要はないはずだ。むしろ、更新するべきフィクションはどんどんアップデートしなければならない。

もし仮に、一つのフィクションを共有できる人間のことを「仲間」と呼ぶのであれば、国家というフィクションは百害あって一利なしだ。なぜなら、このフィクションこそが数多《あまた》の激しい戦争の要因であり、差別の温床だからである。

僕は以前、「北朝鮮のミサイル攻撃を恐れて敵対するくらいなら、北朝鮮に軍事開発費の提供をしてしまえばいい」と発言して大炎上したことがある。人間同士なのだから、友好的な関係を築くのが一番だと思っての発言だったが、「北朝鮮なんかにお金をやったらどうなると思っているんだ」という反応を多数もらって驚いた。「非国民」という、例の罵声も山ほど飛んできた。

「外国人は出て行け」「〇〇人は犯罪者ばかりだ」といった暴言を吐く人たちの頭の中にあるのは、「人間は、国家という単位によって切り分けることが可能だ」という考え方なのだろう。

ならばむしろ、「国家なんて存在しない」というフィクションを共有できた方がいいはずだ。そうすれば戦争も、国家や人種を理由にした差別も、その意味を大きく失っていくことになる。

いや、今だって、すでにそうなりつつあるのだ。僕が国際問題について自由に発言し、それによって「非国民」「売国奴」などとなじられても平気なのは、今この社会において、「国家」や「国民」に昔ほどの価値がないからだ。これが戦時中なら、僕はとっくに特別高等警察に突き出されている。

人間の、フィクションをつくる能力は素晴らしい。それは、テクノロジーの進歩を促し、数々の文化を生み出してきた知恵の泉だ。だが、せっかくのその能力が、どうもまだ十分に使われていないように思えてならない。僕たちの周りにはびこっているフィクションは、とうに古び始めている。そろそろ、新しい時代のための、新しいフィクションが必要だろう。

時代に合った良質なフィクションは、人々に「居場所」を提供してくれる。かつてはそれが、「国家」「企業」「学校」だったのかもしれない。人々は、自分がその共同体の一員だと信じることで、自分の居場所を実感し、アイデンティティを育むことができた。

しかし、インターネットによって国家の壁が取り払われた現在、人々の居場所はもっと違うところにある。

人種の壁、国境の壁、年齢の壁。あらゆる壁を越えて、人はそれぞれの居場所を自在に作ることができる。それはきっと、過去のフィクションを守るよりもずっと楽しい営みのはずだ。

第2章　G人材とL人材

「民」の一人として幸せを探す

学校がいらない最大の理由。

それは、「国民国家」というファンタジーの消失だった。インターネットの登場によって、旧来型の国民国家が解体されつつある現在、もはや「国民」の養成機関としての学校には何の価値もない。

前章の話を簡単にまとめると、こういうことになる。

もしも国民国家という言葉を難しく感じるのなら、シンプルにこれを「N」と呼ぼう。ネイション・ステート、つまり「国民国家」のNである。今世界中の人々が、インターネットを通じて、「N」が幻想であったことに気づき始めている。

Nの幻想が有効だった時代、人々が幸福な人生を送るのは、ある意味では簡単なことだった。なぜなら、何が「正解」で、そのルートはどこにあって、それを得るためにはどうしたらいいかを、国家が手取り足取り教えてくれていたからである。

いい大学を出て、いい会社に入り、終身雇用が約束された中で結婚相手を見つけ、子どもをつくり、マイホームの一つも手に入れる。僕の親世代を始め、多くの人たちが、これが

「幸せ」なのだと信じ込まされていた。

学校は、そうした常識を叩き込む洗脳機関として十分に機能していたと言えるだろう。日本人は、両親や学校の先生からまず「いい大学に入りなさい」「学校で落ちこぼれないようにしなさい」と指導される。いい大学に入ることこそが幸福へのプラチナチケットであり、逆にここを逃せばその後巻き返しのチャンスはないのだと、繰り返し諭されてきたはずだ。

しかし現在、「いい大学からいい会社に入る」だけでは幸せになれないと、誰もが実感している。これは、単に景気が悪くなったからではない。

N幻想が失われたことによって、幸せの形に「正解」がなくなった。つまり、多様化したのである。もはや、学校で「一つの常識」を教え、「一つの教科書」を与えていれば間に合う時代ではない。

近年、それを象徴するような事件も頻発している。たとえば2016年に大きな社会問題となった、電通の女性社員の過労自殺事件。東大卒という学歴エリートであり、一流の広告代理店に就職できた就活エリートでもあった彼女は、結果的に、最大の不幸を自ら選んでしまうこととなった。

直接知らない故人についての臆測でものを語ることは避けたいが、こうした事件と「N幻想の崩壊」は、決して無関係ではない。一流大学から大企業に進むルートは、「N幻想下でのエリートコース」でしかないのだ。

N幻想がなくなり、誰もが共有する「幸せの正解」がなくなった現在、人は国民ではない「民」の一人として、自分だけの幸せを探し、生き方を探し、働き方を探さなければならない。それは、画一的な「学校」で教えられるものではないというのが僕の意見だ。

N幻想にしがみついたままでは、時代の流れについていけず、大きな壁にぶつかるだろう。Nが機能していた時代とは違った、あたらしい生き方、働き方とは何なのか。それを、これから一緒に考えていこう。

人はGとLに分かれていく

国民国家（N）という幻想が崩壊する。それは別に、世界中の人間がいきなり「地球人」として新しい枠組みの中で生きるようになる、という意味ではない。

今後人々は、生まれた国や地域に関係なく、生き方、考え方、働き方の面において大きく二つの方向に分かれていくだろう。

一つは、世界規模――〝グローバル〟を行動範囲とする「G人材」。

表１

	G人材	L人材
N幻想	なし	あるが地元レベルにとどまる
人物像	合理的・寛容・フラット	情緒的・排他的
大切なもの	自分のやりたいこと	仲間との絆
フットワーク	軽い・変化を好む	重い・変化を嫌う
豊かさの指標	情報	お金・モノ
こだわる場所	なし	地元
生きている時間	現在	過去の思い出
希少性	高い	低い

そしてもう一つは、地元――〝ローカル〟に根づく「Ｌ人材」である。

Ｇ人材とＬ人材の生き方は、あらゆる点で大きく異なる。僕が思う両者の違いを、上の表にまとめてみた。

Ｇ人材は、Ｎ幻想を持っていない。

国境のないインターネット空間の感覚そのままに、現実世界をも縦横無尽に動き回る。人種や民族、セクシュアリティの違いを理由とした差別なんて、Ｇ人材にとっては無意味なものでしかない。フットワークがとても軽く、環境や社会の変化にも強い。むしろそれを楽しむ余裕すらある。眼差しが向いている先は、過去ではなく常に未来だ。

世界規模で動き、考え、働く彼らの中には、世界規模の成功を収める〝スター〟のような存在も多い。ただ、G人材自体の数は非常に少ない。僕が思うに、人口全体の数パーセントといったところだろう。

一方、世界の9割を占めるL人材は、いまだN幻想から解き放たれてはいない。ただその幻想の範囲はもっと狭く、自分の住んでいる地域レベルにとどまっている。地元が好きで、そこにあるコミュニティを守る彼らは、いわゆる「マイルドヤンキー」だ。

彼らが大切にしているのは、なんといっても「仲間との絆」である。家族や昔からの友達との付き合いを大切にし、自分の結婚相手や子どもをそのコミュニティに加えていく。「仲間が大切」だから、「仲間以外」に対しては厳しい。したがって、どちらかといえば情緒的で、排他的な性質を持っている。

G人材と違って、L人材は基本的に地元から離れようとしない。地元の友達と海にドライブに行くようなことはあっても、思いつきで一人海外に飛び出したり、勝手に遠方に引っ越したりといったことはない。フットワークは重めで、変化を嫌うのも特徴である。お正月には親戚一同で集まり、思い出話に花を咲かせる。

おそらく、本書を読んでいるあなたは、すでに幾分かのG要素を持っているだろう。生粋のL人材は、そもそも僕の本など手に取らない。

とはいえあなたも、１００％のＧ人材というわけではないはずだ。大きな行動を起こしたいと思いつつ親の意見を気にしていたり、自分の経歴（過去）にこだわっていたりするかもしれない。そんな人は今、ＧとＬの間で迷っている状態と言えそうだ。

今後数年のうちに、ＧとＬはもっとはっきりと分かれていくようになる。これまでＧとＬをつないでいたＮ幻想が消え始めたからだ。自分がどちらの道に進むか、本書を参考にしながら真剣に考えてほしい。

ちなみに僕はもちろん、この表におけるＧの側を生きている。

ご存じのように、僕は家を持たず、年がら年中世界中を飛び回っている人間だ。

仕事の都合で海外に「行かなければいけない」のではない。逆だ。「日本にいなければならない理由がない」から、好奇心の赴くまま、あちこち出歩いているのである。

たとえば２０１６年末は弾丸でハワイに向かい、そこからラスベガスに移動して年越し。その次の週末にはメキシコ、さらにその翌週には韓国へと移動している。

テクノロジーの進歩のおかげで、今や世界中のどこにいようが働くのに不便は感じない。スマホ一台あれば、僕は世界のどこからでもツイッターを更新できるし、メルマガも発行できる。日本にいるスタッフとＬＩＮＥで打ち合わせをしたり、スカイプで雑誌の取材を受けたりもできる。素晴らしい時代になったものだと思う。

僕はもともと、住む場所には無頓着なタイプだ。大きい家が欲しいとか、高い土地に住みたいとかいった欲求も皆無だし、生まれ故郷だからといって、日本を特別視するようなこともなかった。その感覚が、家を手放してからは一層強くなった。今や日本は僕にとって、単なる「戸籍と住民票のある場所」でしかない。

「そんな生き方は堀江さんにしかできない」とよく言われる。お金持ちだから、有名だからできることなのだろうと。でも違う。家を持たず、住む場所にこだわらない生き方自体は、実は誰にでもできる。

バックパッカー旅行の延長だと考えてみればいい。格安の宿泊施設なら「エアビーアンドビー（Airbnb）」がある。今や、世界191カ国で80万以上の格安宿を提供する巨大産業だ。あるいは、ドミトリー式のシェアハウスを使うという手もある。どちらも、普通のホテルの何分の一かの価格で長期滞在することが可能だ。

世界中で仕事をするのはもっと簡単である。いちいち現地で職を探さなくても、パソコン一台で仕事がこなせる体制を作っておけばいい。ノマドワーカーと呼ばれる人たちは、日々違うシェアオフィスやカフェで仕事をしている。その移動先がアメリカになろうがオーストラリアになろうが、できる仕事に変わりはないはずだ。

そこで「お金がないからできない」と思う人には、Ｇの生き方は向いていないのかもしれない。でも、だからといって悲観的になる必要はない。僕にとっては、住む場所の制約を受けない生き方が快適だから、Ｇの世界を行く。それがどうしても怖い、快適だと思えないという人は、無理に家をなくす必要もないだろう。

大切なのは、ＧとＬの二つから、うまみのありそうな方を選ぶことではない。自分のやりたいこと、大切にしたいものを理解することなのである。その結果どちらを選ぶことになろうと、あなたの〝本音〟と合致している限り、幸せな生き方は追求できるはずだ。

マイルドヤンキーも一つの幸せ

さて、聞きなれない言葉ということもあってか、Ｇ人材とＬ人材について説明すると、それを格差社会の話と混同してしまう人が多い。巨万の富を手に入れ、世界中を飛び回る「Ｇ層」と、地方で生活苦にあえぐ「Ｌ層」、というように。マルクス的な、階層社会の構図で考えるわけだ。

これはもう、完全に間違いである。

少し考えてみればわかることだが、G層で活動している人たちは、必ずしも富を求めているわけではない。たとえば、グローバルな活動をしているNPOの人たちが、全員高所得層かと言えばそれは違う。僕だって、自分の好きなことをするためにお金を稼いでいるだけで、別に富裕層というわけではない。

あるいは、大儲けしているL人材だっていくらでもいる。先祖代々その土地に住み着いている地主や政治家など、いわゆる「地元の名士」と呼ばれる人たちは十分裕福だ。

僕は普段、メルマガやオンラインサロンを通じて、マイルドヤンキー的な価値観や生き方に対しては厳しめの発言をしている。それは、僕の情報発言を積極的に受け取りたいという人の多くが、強いG志向を持っているからだ。

なるべく広い社会に出たい、実家での安寧では物足りないと思っている人たちに対しては、僕は「小さくまとまるな、上を目指せ」とわかりやすいハッパをかける。ただ、だからといって僕は「L人材は不幸だ」などと言っているのではない。

G人材とL人材を分けているのは、その富の量ではない。もちろん、幸福度でもない。あくまでも価値観であり、生き方の問題なのだ。

Lの世界に関しては、注意すべき点を二つ、あげておきたい。

一つは、とにかく保守的な人が多いという点。

マイルドヤンキーは、仲間との絆を重んじ、その中に上下関係を作りたがる。どんどん変化していく仲間よりも、「はい、兄貴の言うとおりです！」と付き従ってくれる〝子分〟を欲する傾向が強い。

Ｌ人材が好むコンテンツを見れば、その嗜好性は明らかだ。『ＯＮＥ　ＰＩＥＣＥ』のメインキャラクターたちは、常に仲間のために死に物狂いで戦い、涙する。ジャニーズやＡＫＢ48、ＥＸＩＬＥといったアイドル歌手が売りにしているのも、歌というよりはむしろグループメンバー間の絆や、ファンとの連帯感の方だ。

こうした世界観は、しばしば新しい行動の足枷《あしかせ》となる。特に、親子の関係性がフラットでないことには注意が必要だ。親の「そんなことをしちゃいけない」という抑圧に従っていると、目の前のチャンスを取り逃がす可能性は一気に高くなるだろう。

そしてもう一つ重要なのは、地方の〝居心地の良さ〟は、非常にもろい条件の上に成り立っている、という事実である。

「大都市よりも、地方都市の方が快適だ」と言う人は多い。確かに地方は家賃が安く、駐車場代もかからない。少し車を飛ばせば、大型商業施設にたどり着ける。そこに行けばなんでも揃うし、遊ぶ手段にも事欠かない。

ただ、こうした〝楽園〟の維持費となっているのは、その地方自体の税収ではなく、地方交付税交付金だ。つまり、大都市圏で働く高所得層の納めた税金が地方に回っているからこそ、地方の居心地の良さは守られているのである。

そして今後、少子高齢化による税収の先細りは避けられない。日本中の都市を均一に発展させていくのは、すでに不可能になりつつある。未来のL人材に求められるのは、そうした現状を受け入れ、むしろ活用していくチャレンジ精神だろう。

実際、東京から高知県の山奥に移住したブロガーのイケダハヤト氏などは、何もない山奥の「開拓」をコンテンツにして大いに稼いでいる。その年収は、東京で働く並の会社員よりも多い。

そう、地方に暮らし、仲間を大切にして、思い出に浸りながら生きる人々にも、いくらだってビジネスチャンスはあるのだ。インターネットによっておもしろいコンテンツ（モノやサービス）が世界中に拡散するようになった現在、ローカルに暮らしながら、世界中から顧客を呼び込むことも驚くほど簡単である。

そもそも、世界の経済圏の大部分は、ローカルによって成り立っている。飲食業や小売業、鉄道やバスといった公共交通、宿泊施設、医療福祉など、普段人が利用するサービスはほとんどがローカル所属だ。

そして今は、本当に良質なビジネスであれば、どこを拠点にしていようが目利きによって見出される時代である。実際に僕は、地方の素晴らしいレストランを何軒も知っている。そういった店には、富裕層がわざわざ都心から自家用ジェットを飛ばして通うことすらある。

あるいは、地元で、地元の人々だけを相手にしながらビジネスをしても、それなりの生活は確保できるだろう。うまくいかないとすれば、それは出自や所在地のせいではなく、提供するサービスそのものに問題がある可能性が高い。

だから意外かもしれないが、僕はマイルドヤンキーの生き方を否定するつもりはない。僕個人としてはまったく共感できないし、その生き方を選ぶつもりもないが、地元を、仲間を、思い出を愛しながら生きる人たちがいても全然かまわない。そういう幸せがあることも理解できる。

ちなみに言っておくと、Ｌ人材にも学校は必要ない。彼らは、「国民」である前に「ジモ民」だ。国家による国民教育など不要である。仲間をつくるためには、せいぜいかつての寺子屋的な、自由に学んだり、たむろしたりできる場があれば十分だろう。

手元になくてもいい、という革命

続けて、G人材の特徴について説明しよう。

「富裕層＝G人材」「貧困層＝L人材」という区分でないことは、先にも述べたとおりだ。同様に、語学力や所在地がG人材とL人材を分けるわけではない。バイリンガルだからG人材だとか、日本から出たことがなければL人材というわけでもない。

では、G人材の最大の特徴とは何か。それは実は、「所有からの解放」にある。彼らは、「所有」に価値を置かずに生きることができるのだ。

はじめに、「所有」の意味について確認しておこう。

インターネット登場以前における「豊かな人生」の条件は、なんといってもモノの「所有」、ストック量だった。お金や土地、家、車など、みんなが欲しがるモノをどれだけ多く手元に置いているか。これが社会における絶対的なステータスであり、人の幸福度を左右する重大事項だったのである。

こうした価値観は、今もなお多くの人々が引きずっている。「お金がないから幸せになれない」と思い込んでいる人は多い。親が子どもをいい大学に入れようとするのも、要は、モノをたくさん「所有」できる人生こそが幸福だと思っているからだ。

しかしインターネットの登場によって、この価値観はすでに崩壊している。ライブドア時代、僕は旧世代の人々からさまざまなバッシングを受けた。なかでも興味深かったのは、「あんなものは虚業だ」というバッシングである。「所有」にとらわれた旧世代にとって、手に取れるモノを生み出さないインターネットビジネスは、「虚業」だったのである。

当然、今インターネットビジネスを「虚業だ」と鼻で笑える人はいない。インターネットは、人とあらゆるモノ、そしてモノ以外を繋ぐ最強のインフラとなった。

Ｇ人材とは、このことを心から理解し、最大限に利用している人たちのことを指す。だから彼らにとって一番大切なのは、モノではない。情報だ。

情報というと、ニュースのようなものを思い浮かべる人が多い。日経平均株価が何円上がったとか、あの企業はそろそろ上場しそうだといった内容のものだ。これはつまり、各種印刷物や伝聞から得られる知らせということになる。

でも、現代における情報の意味合いはもっと多様だ。メールもＬＩＮＥも、グーグルマップも路線情報アプリも、すべてが情報としての価値を持つ。

こうしたツールの特徴は、「所有」しなくていい、ということだ。お金を出して手元に常備しておかなくても、必要な時にはただ、インターネットを通じてそれに「アクセス」するだけですむ。

ひと昔前までは、情報もまた「所有」することに価値があった。みんなが知らない情報をたくさん持つことは権威の象徴だったし、高等教育によって得られる知識もその一種だったと言える。

それが、インターネットの登場によって大きく変わった。情報は、「所有すべきもの」から、「アクセスすればいいもの」へと変化を遂げたのである。だからG人材は、「所有」よりも、「アクセス」をベースに自分の生活を豊かにしようとする。

こうした時代の変化を象徴していたのが、アプリ「スナップチャット（Snapchat）」の大ヒットだろう。

スナップチャットは、アメリカを中心に、10代～20代のユーザーに熱烈な支持を受けているサービスだ。インスタグラムやツイッターと違い、上げたデータが最大でも24時間で消滅してしまうという特徴がある。友人相手なら、閲覧時間を10秒以内に設定することもできる。

２０１１年の滑り出し以来、スナップチャットは著しい成長を遂げた。２０１６年時点で、スナップチャットの一日のアクティブユーザー数は1億5000万人／日。これは、ツイッターの1億3600万人／日を上回る。現在、フェイスブックが「スナップチャットつぶし」に注力しているため今後の展開はわからないものの、一時代を築いたアプリと言っていいだろう。

スナップチャットの機能は、ちょっと聞いただけではその面白さがわかりづらい。でも、「データがすぐ消えるなんて」と戸惑うのは、所有やアーカイブにこだわる古い世代だけだ。ネットネイティブ世代は、「画像がすぐ消える世界」の価値を直感的に見抜く。

数秒で消えるなら、どんな変顔写真だろうがお互い瞬間的にネタにして終わりにできるし、データが残って「黒歴史」になることも避けられる。毎日「いいね！」を稼がなければ、フォロワーを増やさなければというストレスもない。つまり、どこまでも気楽なのだ。彼らにとって、余計な情報やモノは、むしろウザいゴミにすらなる。

開発者のエヴァン・スピーゲルは、インタビューでスナップチャットの成功について聞かれて、「重要なのは『楽しさ』です」と答えている。データのストックではなく、純粋な「楽しさ」にフォーカスしたことが、アプリの世界的ヒットの要因だったのだ。

この潮流は、これからも続くだろう。人々は、「所有」よりも「アクセス」を、そしてその「アクセス」から得られる「楽しさ」を求めて生きるようになるはずだ。

ネットサービスに限らない。身の回りのモノについても、「所有」という概念が消えつつある。

モノの行き来にかかる時間的コストは、極限まで下がった。国内の製品であれば、アマゾンで注文すれば翌日届いてしまう。プライム会員ならば、数時間以内に手に入れることだって可能だ。海外の商品ですら、2～3日で届くことにもはや誰も驚かない。

これは、アマゾンの倉庫を借りてモノを保管してもらっているのとほぼ同じだ。そこから必要な時に運んできてもらうようなものである。

極論でもなんでもなく、アマゾンやヨドバシカメラといった優良通販サイトさえあれば、僕たちはもう、手元にいちいちモノを置いておく必要がない。モノですら、アプリのように「アクセス」すれば届くのだ。

インターネットの登場がもたらした恩恵は、「他者と通信できる」ことではない。情報やモノ、あらゆるものの「所有」の価値を著しく下げたことなのである。これこそ、インターネットのもたらした社会変化が「情報革命」と呼ばれる所以《ゆえん》だ。

まとめよう。

インターネット登場後の世界において人生の豊かさを左右するのは、情報やモノを「どれくらいストックしているか」ではない。「必要なものにはすぐアクセスできる」と知っているかどうかだ。今は、スマホも使えない土地持ちの御曹司より、スマホを使い倒せる貧乏学生の方が、イノベーションを起こせる可能性は高い。

そしてＧ人材とは、こうしたテクノロジーの恩恵を存分に使いこなし、自分の可能性に一切蓋をしないで生きられる人たちのことだ。

Ｇ人材は、ネットの海にダイブすれば、そこにいくらでも情報というお宝が待機していることを知っている。娯楽、勉強、仕事、コミュニケーション。人間が幸福のために必要とする、あらゆるものがインターネットを使えば低コストで得られる。だから、手元にも頭の中にも、余計なものを溜め込まない。

お金、学歴、語学力など、あらゆるものの「所有」から自由になったとき、人はＧの世界に足を踏み出すのである。

インターネットが資源を分配する

人類の歴史は、いわば「自分のエリアに、少しでも多くのリソースを移動させる」競争の繰り返しだった。

自国の力を増やすために、他国を侵略して土地を奪う。

自国に労働力が足りていないから、大量の奴隷を連れてくる。

自国に情報がないから、国民を海外に派遣して勉強してきてもらう。

この競争はなかなかフェアにはいかない。特に19世紀以前は、「リソースの差を埋めようがない競争」が当たり前だった。

たとえば19世紀のオセアニアが、侵略してくるイギリスに抵抗するのは不可能なことだった。近代化の遅れていたオセアニアと、どこよりも早く列強としての地位を築き上げたイギリスとの間には、国家としての経験値、軍事力、人口、すべてにおいて差がありすぎた。つまり、オセアニアは「自国で所有しているもの」が少なすぎたのだ。そして、その差を埋める術《すべ》は事実上存在しなかった。

だが、インターネット登場後は違う。

否応無しに積み重なった「国家間の差」に対しても、インターネットは効果を発揮する。

インターネットには、「持たざる国」に、低コストで必要なものを届ける力があるからだ。

その結果、埋めようがないと思われていた差が埋まり、覆せないと思われていたヒエラルキーが覆るという例が、続々と出てきている。

わかりやすい一例が、インドの経済成長だ。

今やインドといえば、ＩＴ大国と名高い。２０５０年までには、世界第3位の経済大国になるとまで予測されている。でも30年前までのインドは、とても貧しい国だった。

インドの経済成長を阻んでいた要因の一つは、インド人の８割が信仰しているヒンドゥー教だった。ヒンドゥー教の定めるカースト制度は、信者に「親の職業を世襲する」ことを強制する。立身出世の概念など存在しない。たとえば親がトイレの糞尿処理やネズミ捕りを生業にしていたのなら、どれだけ優秀な頭脳を持っていようと、その子どもも同じランクの仕事をするしかないのだ。これでは、経済成長など望めない。

ところが、インターネットの登場がその構造に風穴を開ける。実はカースト制度は、ヒンドゥー教の経典に書かれていない、新しい職業については寛容なのだ。つまり、低いカーストの人間が政治家になることは許さないが、20世紀になって初めて登場したＩＴ産業に関わることは許すのである。

ＩＴの勉強なら、パソコン一台あれば誰でもできる。そのまま自国で、高度なグローバルビジネスに関わることも可能だ。幸い、英語が堪能で数理能力に長けたインドの若者たちは、欧米企業のアウトソーシング先としてうってつけだった。

ヒンドゥー教社会に唯一存在するこの突破口を利用しない手はない。低いカーストの人々を中心に、インド人はIT分野に殺到する。その結果、インドは著しい経済成長を果たした。一人当たりGDPは、1980年から2015年までの間に、約6倍もの成長を遂げた。

この経済成長は、インターネットの力なくしてはありえない。

インターネットが、ヒンドゥー教徒に、制度や国境を超えて最先端のビジネスに関わるチャンスを与えた。そして、先進国に集中していた雇用や富を、世界中に分散させたのである。

インドのこの経済成長を見て、ジャーナリストのトーマス・フリードマンは、2005年に著書『フラット化する世界』を書いている。彼はそこで、ITの力は国家間の格差をフラットに、つまり平らにしつつあると指摘した。

それから10年。フラット化現象は加速を続けるばかりだ。

そのスピードを飛躍的に上げたのは、ブロードバンド革命、そしてモバイルテクノロジーの発達である。

国際電気通信連合は、2016年末までに、世界の人口の約半分にあたる35億人がインターネットを利用するようになると発表した。もちろん、利用者の割合としてはまだ先進国の人々が多いが、開発途上国にも普及は進んでいる。

自国が貧しくても、手元にあるモノがいくら少なくても、インターネットに接続できる機器さえあれば、「所有」しているのと同じように、さまざまなものにつながれる。インターネットがもたらす効用は計り知れない。

アジアの貧しい農村では、冷蔵庫やテレビといった電化製品は持っていなくても、携帯電話と発電機は持っている家が多い。彼らは、自家発電をしてでも通信機器を使う。理由は、国内の市場概況や新しい農薬についての情報を、都市部の人たちと同じように得るためである。テクノロジーのおかげで開発途上国の田舎の人々も、それまで如何ともし難かった情報格差を乗り越えられるようになってきたのだ。

もちろんインターネットが出てきたからといって、すべての格差が解消されたわけではない。でも、国単位、人単位で「持っていない」ことの重みが薄れつつあるのは確かだ。

これまで豊かな国の、豊かな人たちしか所有できなかったようなリソースに、それ以外の人たちが手軽にアクセスできるようになった。これは、歴史上のどんな革命家にも成し遂げられなかった、大きな変革なのである。

日本の凋落を恐れる必要はない

不景気や少子高齢化を理由に、将来に希望を持てない若者が多いという。彼らは、N＝日本の凋落《ちょうらく》が自分の人生をも危うくしている、と思っているのだろう。

しかし、そんな不安は無用である。ここまで書いてきたように、もうNに個人の人生を左右する力はないからだ。

たしかに今、日本は元気がない。僕もそのことは肌で感じている。「ジャパン・アズ・ナンバーワン」の栄光はすでに過去のものだ。

一方、貧しかった中国やインドは、この20年で急速に豊かになった。タイやシンガポール、インドネシアといった東南アジア諸国の発展ぶりも目覚ましい。韓国だって、今や日本のすぐ後ろまで迫ってきている。

Nの発展と、自分の人生が深くリンクしていると思い込んでいる人たちにとって、これは自分の幸福を揺るがす「脅威」だ。だから彼らは、盛んに「国を守れ」と叫ぶ。これまでに「所有」してきたものをこれからも持ち続けたいと望み、既得権益を守ろうとする。

でも、すでにN幻想から解き放たれている人たちにとって、Nの凋落は微々たる問題だ。

そういう状況でも自分の幸福を追求する手段はいくらでもあるし、どうしてもＮにその足を引っ張られるのであれば、いる場所を変えてしまえばいい。

僕はこれまでにたくさんの事業を行ってきたが、スタッフが日本人でなければ困ると思ったことは一度もない。優秀な人材なら、インド人だろうがイタリア人だろうが日本人だろうが誰でも大歓迎だ。僕と同じように、Ｎ幻想にとらわれずに仲間を探している人はいくらでもいる。

雇用だって情報だって、世界中の人たちと分かち合って当然。これがグローバリゼーション時代の原則だ。これは脅威でもなんでもない。偏在していたリソースを遍く世界に広げる、実にフェアな変化だ。

Ｎ幻想の失われていく世界とはつまり、優秀な人がその出自に関係なく、価値を正しく評価される世界なのである。誤解されがちだが、この恩恵を受けるのは開発途上国の人たちだけではない。僕たち全員だ。

生まれた場所、今住んでいる場所に人生を決められる時代の終わり――これこそがＮの解体の本質だ。その後に待っているのは、完全な自由競争社会である。

これを、恐ろしいことのように考える必要はない。要は、プロスポーツリーグのようなものだ。

サッカーでも野球でも、プロスポーツリーグはGとLを内包している。ほとんどの試合はL規模で行われるが、チームを構成しているメンバーに、出身地や人種の同一性は一切ない。スター選手は皆Gのレベルで評価され、流動的に国家間を動き回っている。Nの影は極めて薄い。

たしかにワールドカップやWBCは盛り上がる。ただ、それはN同士の対決が4年に一度しかないからだ。その希少性が、Nの価値を延命させていると言える。とはいえ、各国の代表メンバーを見れば分かるように、実際はそこでも様々な出自の選手が入り混じっているのが普通だ。「ナショナルチーム」などフィクションであることが一目瞭然だ。

N解体後の世界では、GやLを基盤に作られる無数のクラスタ（群）が、国境を超えて協調し合っているだろう。東京とロンドンが、スペインの片田舎と日本の地方都市が連携し、テクノロジーの恩恵を受けながら、互いの共通の課題に取り組む時代がもうすぐ来るだろう。

その時代のNは、人の人生を左右する権力機関ではない。オリンピックなど、世界的エンターテインメントを盛り上げるための効果的なフィクション、料理におけるスパイスのような存在になっているはずだ。

だから、日本の凋落を嘆くニュースに一喜一憂するのはやめよう。国が傾こうが、街の過疎化が進んでいようが、それ自体が人の運命を左右したりはしない。もう誰も、国と心中する必要はないのである。

仮想敵がいないと生きられないN人材

ＧにもＬにも行けなかった人は、Ｎ人材になる。

ここまでの主張からお分かりのように、僕がもっとも勧めたくないルートだ。

Ｎ人材は、「国家」を生きる人材だ。グローバルな価値観を受け入れられず、さりとてローカルで穏やかに過ごすふんぎりもつかなかった人たち。つまり、時代の変化についていくことができなかった人たちである。

時代の変化に取り残されている人たちの存在は、数年前からはっきり可視化されてきたと思う。

例をあげると、２０１０年頃から、やたらと「日本の素晴らしさ」をネタにするテレビ番組が増えた。ひたすら日本を礼賛する書籍や、逆に中韓への批判を書き連ねた書籍が店に並ぶようになったのも、同じ頃からだった。

僕は、こうしたコンテンツに対して何の興味もわかない。でも番組も書籍も絶えていないところを見ると、相当の需要があるのだろう。

こうしたブームのはじまりは、僕がグローバリゼーションの加速を感じたタイミングと完全に合致している。「日本礼賛」番組や書籍は、その反動で現れたものだろうと想像がつく。

２０１０年以降、世界規模でスマホの普及率が上がり、インターネット上で世界の人々の連携が進んだ。その中で、変化を恐れる人たちは内にこもりはじめた。そして閉じこもる己を正当化するために、「どこよりも素晴らしい国、ニッポン」というNのフィクションを作り出したのだ。どこよりも素晴らしい国に住んでいる素晴らしい民族なのであれば、外の世界と交わらず、考え方を変えずに生きていくことこそが「正しい」はずだから。

彼らは、「国家VS.国家」という対立軸が、自分たちの生活を脅かすと思っている。つまり、「国家」というファンタジーを今でも強く信奉している。

これは、主にネットを通じて激しい他国批判を繰り返すネトウヨや、逆に日本政府批判にやっきになるネトサヨと呼ばれる人たちも同様だ。

これまで繰り返してきたように、「国家」というのは時代遅れの「古い常識」にすぎない。だからそこにしがみつき、居場所を求めている人たちは、メインストリームに取り残され、じわじわと苦境に追いやられる。だがその苦しみの原因がわからず、いつしか「仮想敵」を作り上げてしまう。

彼らは、「国家というものがある」ことを前提に、攻撃的な言動を繰り返す。その実態は、ファンタジーに向かって石を投げ続けているだけの一人ずもうだ。ただ、それが極端に走ると、反欧米を掲げる組織「ＩＳ（イスラム国）」のような、武装テロリスト集団になる可能性もある。

残念なことに、彼らに「敵なんかいないよ」と言ってやっても聞く耳を持たない。いや、むしろ「いない」とわかってしまったら困るのだろう。彼らは、「敵と戦う」ことを、もはや生きる目的にしてしまっているからだ。

２０１５年の夏、安保法案をめぐる議論が激化していた頃、熱狂的な反安保運動を繰り広げる学生団体について、僕は「彼らを監視するべきだ」とコメントした。厳しい批判も繰り返し行った。それに対しては、「学生相手に大人気ない」「若者がこれだけ頑張っているんだから、あたたかく見守るべきだ」という指摘も数多く寄せられた。しかし、僕は自分のとった姿勢に後悔はない。

なぜ僕は何度も彼らの行動を批判したのか。それは、こういう小さな動きからこそ、国全体が間違った方向に導かれることが多いからだ。

安保法案について、彼らは「これは戦争を起こすための法案だ。このままでは日本で再び徴兵制が行われる」といった主張を再三繰り返していた。しかし、これは明らかな勘違いである。これまで１００％アメリカに依存してきた、人的犠牲を伴う安全保障にかかわる任務を日本も分担する。それが安保法案の定めた内容であり、そんなことは法案をきちんと読めばわかるはずだ。

安保法案を戦争法案と呼び変え、「戦争が起きるから」というだけの理由で否定するのは、「安全保障に関わる任務の中で、アメリカ人の命が危うくなるのはかまわないが、日本人にそのリスクが及ぶのは許せない」と主張することに等しい。日本人の命さえ無事ならばいい、というＮにこだわった論理は、僕から見ると不気味である。

こういうことを書くと、「堀江貴文は軍拡派だ」という批判が必ず来るのであらかじめ言っておこう。僕は反安保デモには批判的な立場を取ったが、賛成派デモのことも「時間の無駄だ」と批判している。安保法案の是非について主張したのではなく、「雰囲気にノせられてしまう人たち」を批判したのだ。

反対派も賛成派も、多くは法案を理解せず、雰囲気に流されて声高に「反対」「賛成」と叫んでいるだけの人たちだった。そういう人たちは、たとえば本当に戦争が始まったら、みんなで一斉に戦争を煽る方向に進むことが多い。

戦時中は、多くの新聞社が権力に迎合して戦争賛美の方向に流れ、それに煽られた民衆の多くも、やはりその雰囲気に飲まれていった。社会を悪しき方向に押し遣るのは、いつでもこうした「雰囲気に飲まれる」人たちなのだ。だから僕は、彼らのような人たちのことを危険だと思うし、その間違いは指摘し続けていきたいと思う。

学校教育は、こうした人たちが生まれる一因を担っている。学校はもともとN人材を作るために生まれた機関だし、今もそれを続けているからだ。GとLに分かれていく世界の中、忘れられてゆくNの世界に人を増やそうと抵抗しているのだ。

しかし、誰がどうあがこうとも、グローバリゼーションは今後も進行していく。

時代の流れに逆らう人たちは、これからますます苦しい立場に置かれるだろう。逆に、時代の風に逆らわなかった人は、その変化の一つ一つを楽しみつつ、新しい世界で遊ぶことができるはずだ。

僕は断然、後者の生き方を勧める。そのあとは、GだろうがLだろうが好きに選べばいい。

これからの幸せは「快」のシェア

本章の前半で、僕は「幸福の多様化する社会の中で、今後自分がどう生きるかを真剣に考えてほしい」という趣旨のことを書いた。

ここまで読んで、それを考えるための指針が、モノの「所有」でも、国家間競争の中での「勝ち上がり」でもないことはわかってもらえたと思う。

では、これから人々の幸福の指標となるものは何か？

「感情のシェア」である。

あなたが自分自身の「楽しい」や「嬉しい」「気持ちいい」といった「快」の感情をシェアすると、そこにたくさんの賛同者（いいね！）が集まり、つながっていく。そして、そのつながりが関わった人たち全員に豊かさをもたらす。この共感が、これからの世界を動かす原動力なのだ。

もちろん、「快のシェア」をグローバル単位でやるか、ローカル単位でやるかはあなたの自由だ。

グローバル単位でそれを行ったわかりやすい例は、「謎の千葉県出身シンガーソングライター・ピコ太郎」を名乗った芸人、古坂大魔王だろう。

２０１６年の夏、彼は10万円の自腹をきって、１本の動画を作った。タイトルは「ペンパイナッポーアッポーペン」。たった69秒しかない、短いシュールな楽曲動画である。だが、それがユーチューブにアップされると、またたくまに世界中で話題となった。２ヶ月も経たないうちに再生回数は５０００万回を超え、ユーチューブの「２０１６年動画グローバルランキング」で２位を獲得（16年９月30日～10月６日の週間再生数ランキングは１位）。楽曲が配信されるや否やこれも大ヒットし、アメリカのビルボードソングチャートでは初登場77位と、歴代日本人アーティストの中でも最上位クラスに食い込んだ。完全にＧ規模の快挙である。

彼はもちろん、あらかじめ「世界規模のヒット」を狙って動画をアップしたわけではなかった。インタビューでも、大切にしているのは、自分の「面白い」「楽しい」をシェアしたいという思いだと語っている。

自分が好きなもの、楽しいと思うものを形にしたら、それに世界中の人が反応してくれた。一つにつながった世界では、こういったグローバル級のヒット現象が当たり前のように巻き起こるのだ。

一方、グローバルではなく、あえてローカル規模でのシェアを選ぶ人気パフォーマーもいる。

たとえば僕は少し前に、イルマニアという名前の男性ラッパーグループに注目したことがあった。埼玉県入間市を拠点にしているから「イルマニア」。派手でチャラそうな、いかにもパーティピーポーといった風貌だが、実家住まいで、仕事はゴミ収集業という意外な一面を持つ。

地元愛を歌うイロモノラッパーだった彼は、バラエティ番組『月曜から夜ふかし』で紹介されたことがきっかけで、一躍人気者となった。大規模ライブを開催し、ＣＤも発売。この調子でさらに活動を広げていくのだろう……と思っていたが、彼は地元の仲間や家族への感謝を発信するばかりで、特にそれ以上の欲を出さずに終わった。

もったいない。僕などはそう思ってしまう。

僕だったら、そうした小さな飛躍を利用して、もっと大きい舞台を目指そうとしただろう。ひょっとしたらピコ太郎のように、国境を超えた「バズり」を狙うチャンスもあったかもしれない。やりようはいくらでもあったはずだ。

もちろんこれは僕の意見であって、それが彼のやりたいことと合致しないのであれば致し方ない。彼は活動の拡大を望まず、Ｌの世界に帰った。それが彼の幸せだったのだろうし、地元での人気はしばらく続くはずだ。

この二人の対比から導き出せるのは、「やりたいことをやればいい」というシンプルな結論である。やりたいことをやり、大切にしたいものを大切にすれば、それに賛同する人が必ず現れる。

モノやお金の価値が最小化されていく社会では、誰にどれだけ支持されているか、共感されているかが重要な意味を持つ。逆に、モノをどれだけ持っているか、お金をどれだけ持っているかは、人の人生を決定づける要素にはならない。つまり、「所有」のために「やりたくないこと」に従事する時代は終わったのだ。

戦争は激減し、人々の寿命は飛躍的に延びた。貧しい人が逆転できるチャンスも、１００年前とは比べものにならない。これからは、人がやりたがらない辛い仕事のほとんどはＡＩやロボットがやってくれるようにもなるだろう。

人類はもう、モノを奪い合ったり、嫌なことを押し付けあったりして暮らす必要はない。足りないところへモノや情報を運ぶ仕組みは、着実に進化を続けている。こうした世界の中で人々が求めるのは、素朴でポジティブな感情だ。あらゆるＳＮＳに設置されている「いいね！」ボタンは、時代のニーズに応えた機能だと言える。

これからの時代に重要なのはむしろ、「やりたいこと」のためにどれだけ本気になれるかだ。なぜなら、支持や共感を得られるのは、心からやりたいことをやっている人だけだからである。

第3章　学びとは「没頭」である

没頭する力を解放せよ

Nという国民国家幻想の消滅は、社会から「幸福の正解」をも消し去った。いい大学に進学し、いい企業に就職し、結婚ができれば安泰だという幸せのロールモデルはもはや機能しない。今を生きる人たちが向き合うべき課題は、「いかにいい大学に入るか」ではなく、「いかに自分だけの幸福を見つけ、追求するか」なのである。

ここまでの話は、理解してもらえたと思う。

国家が設定した幸せのロールモデルをなぞるのをやめ、自分だけの幸福を追求する。それは、敷かれたレールに乗るのを拒否するということだ。

では、レールからそれた人はどうするのか。別のレールを探す？　もちろん違う。自分で自分の行きたい方向を決め、ある時は徒歩で気楽に、ある時は自動車で軽快に、ある時はヘリコプターで豪快に、そこへ向うのである。

何のために何をするのか、どんな風にするのか、すべてを自分で決め、自ら責任を負いながら突き進む力。新しい時代を楽しく生きるために必須のこの能力を、僕はシンプルに「没頭する力」と呼んでいる。

僕はこれまでの人生で、親や学校教育に忠実だったことは一度もない。僕が唯一従っていた相手は、何かにのめり込んでいく自分、すなわち「没頭」だった。それが僕を数々の遊びに、パソコンに、そして幾多のビジネスに向かわせてきた。僕にお金や学び、そして何より生きる楽しさを与えてくれたのは、学校ではなく、没頭という体験だったと断言できる。

ただし、自分の進むべきルートは、自ら動くことで初めて目の前に現れる。高性能のスポーツカーを手に入れたところで、座るのが助手席だったらあなたはどこにも行けない。運転席に乗り込んできた人が行きたい場所に、無理やり連れて行かれるだけだ。

大切なのは自らアクセルを踏み、ハンドルを切ることだ。そして、何より「それをさせる気持ち」だ。早く先へ進みたい、じっとしていられないというワクワク感こそが、あなたにアクセルを踏み込ませるのである。

しかし今、多くの人たちがこの初期衝動を見失っている。

既存のレールに乗ることの無意味さには、とっくに気づいている。でも、自分でハンドルを握るには至っていない。自分は何がやりたいのか、何にならら夢中になれるのかがわからない。そんな「自分探し」状態にある人たちを、僕は大勢見てきた。

彼らは必死に自己啓発書を読み漁り、ビジネスセミナーに通い、異業種交流会や資格スクールに参加する。しかし、どれも実を結ばないまま、あれでもない、これでもない、といつまでも自分探しにあけくれる。

なぜか？　何にも没頭できていないからだ。

没頭できるものが見つからない理由を、彼ら自身はこう話す。

やりたいことをやるためのお金がないから。才能がないから。性格が冷めているから。勉強ができなかったから。周囲の理解が足りないから。

どれも大間違いだ。

没頭する対象なんて、その気になればいくらでも見つかる。あなただってきっと、すでに出会っている。でも、自分で自分にブレーキをかけているのだ。「こんなの、できっこない」と。

どうしてわざわざ自分にブレーキをかけるのか？　答えは簡単だ。「学校」でそう洗脳されたからである。

学校は、あの手この手を使って、子どもたちの欲望にブレーキをかけさせる。そして、急ブレーキによって人生にエンストを起こさせるようなこの介入のことを、傲慢にも「指導」などと呼んでいるのだ。

様々な指導を受け、学校の望む中途半端な優等生になってしまった人は、目の前のレールが外された時、進むべき道がわからなくなってしまう。あらゆる欲望にブレーキをかけ、あらぬ方向に動かないでいることしか、教わってこなかったからだ。

あなたも今、同じような状態にあるのかもしれない。そうであれば、必要なのはセミナーでも勉強でもない。「没頭する力」の解放だ。本章では、あなたを縛り付けているブレーキの正体を暴き、それを解除する方法を伝えよう。

学びの本質は没頭にある

自分で行き先を決め、アクセルを踏む生き方のためには、「学び」が不可欠だ。

僕がこう言ったら、意外に思われるだろうか。学校を不要だと言い切り、学校教育のあり方を否定し続けている人間が突然何を言うのか、と驚かれるかもしれない。

ただし、はじめに一つ確認しておきたいことがある。「学び」という言葉の定義についてである。

僕が言う「学び」とは、没頭のことだ。

脇目もふらずに没頭し、がむしゃらに取り組める体験のすべてが「学び」だと僕は思って

表2

	お勉強	学び
場所	学校・企業	人生のすべて
態度	受動的	能動的
正解	あり	なし
カリキュラム	あり	なし
イノベーションの可能性	なし	あり
楽しさ	なし	あり

いる。だから、没頭する対象は数学や英語、料理だろうと、ダンスだろうと何でもあり得る。すなわち、その人が心から没頭できていれば、対象は何であれ、僕はそれを「学び」ととらえる。

「学び」と聞いたとき、多くの人は、いわゆる「お勉強」を想像するだろう。

それはつまり、学校教育に準じたものということでもある。たとえば、数学や物理といったおなじみの科目や、散々暗記させられた公式、年号の数々。映像として浮かぶのは、教卓や黒板、教科書、ノートなど、「お勉強」に必要な小道具たちだ。

こうした「お勉強」と「学び」とを、僕は明確に違うものとしてとらえている。分類すれば上の表のようなイメージだ。

「お勉強」は、あくまで受動的な行為である。学校のカリキュラムに沿って教師の話を聞いたり、テストを受けたり、計算ドリルを解いたりすることがこれに当てはまる。企業の思惑通りに動く社員を養成する研修も同じだ。要は「与えられたものをこなす」作業である。

当然ながら、ここには「与えてくれる」存在がいる。「お勉強」には、教室を用意し、テストの問題を作り、正解まで導いてくれる〝大人〟が不可欠なのだ。

対して「学び」は、常に能動的だ。未知の領域に足を踏み入れ、新しい体験や考え方を味わうことのすべてがこれにあたる。だから、場所は学校や企業に限定されないし、正解もいらない。すべては、「自分で切り拓いていく」営みなのである。

言うまでもないが、いくら「お勉強」をしても、「自分で行き先を決める生き方」にはたどり着けない。「お勉強」で身につくのは、敷かれたレールに乗る習慣だけだ。その習慣が身についてしまった人は、1ヶ月後のテストや解くべき問題集が机の上になければ、自ら何かを学ぶことはないだろう。なぜなら、彼らが目的としているのは、「与えられた課題をこなし、大人に認められること」だけだからである。

でも、「学び」を楽しんでいる人は違う。没頭している人にとっては、正解が見つからないことも、自ら動かなければ取り組むべき課題が見つからないことも、没頭する対象がある限りすべては「楽しい」ことだ。だから、彼らは好んで暗中模索を、試行錯誤を繰り返す。つまり没頭は、人を決して立ち止まらせないのだ。常に人を前へ前へと押し出し、新しい体験をつかませようとする。

だから当然のことだが、あらゆるイノベーションを生み出すのは、「お勉強」ではなく「学び」だ。

夢中になっているからこそ、人は一日中それについて思考を巡らし、新機軸を思いつくことができる。失敗を恐れずに試行錯誤を重ね、努力や苦労の過程も含めてすべてを楽しむことができるのだ。

今学問と呼ばれている領域だって、言ってしまえば「誰かの没頭体験」のアーカイブだ。詳細な教科書や暗記するべき公式が、あらかじめ人類に用意されていたわけではない。どんな学問を取り上げても、その歴史をさかのぼった時に現れるのは、「それに没頭してしまった誰か」の姿である。

知の巨人としてあまりに有名なレオナルド・ダ・ヴィンチ。万有引力の法則を発見したニュートン。現代物理学の父アインシュタイン。彼らのような人々が、それぞれ自分の抱いた疑問の検証に寝食を忘れるほど没頭し、そこでの発見を後世に残したからこそ、学問の体系は成熟した。

彼らは「お勉強」をしていたのではない。ただ目の前のことにのめりこんでいただけだ。実際、歴史に名を残すような人たちは皆、並外れた没頭力を持っていたことで有名である。たとえばニュートンの秘書は、研究に夢中になりすぎる彼に食事をとらせるのに苦心したという。そしてどれだけ時代を下っても、ビル・ゲイツやスティーブ・ジョブズなど、似たようなエピソードを持つ偉人には事欠かない。

彼らは、心の赴くままに学び続け、道無き道を突き進んでいった、見習うべきイノベーターの先輩たちなのである。

２０１５年にノーベル物理学賞を受賞した梶田隆章教授は、新聞の取材に対してこう発言されていた（「産経新聞」15年10月７日）。

「科学は人類が広い意味で協力して知の地平線を拡大する作業。一人一人の研究者ができることはそれほど大きくないが、自分が拡大していくプロセスが醍醐味」

科学のみならず、すべての学びに当てはめていい言葉だろう。学びとは、知の地平線を拡大する、つまりイノベーションを起こしていく過程そのものなのだ。それは当然、「自分の進むべきルートを自分で作り出す」こととも重なる。

今僕たちが目にする教科書も計算ドリルも、すべて誰かの没頭の副産物にすぎない。それらをただ漫然となぞるお行儀のいい「お勉強」の中に、学びの本質は存在しない。新しい知を切りひらき、新しい仕事を生み出し、あなたを未来へと突き動かす本当の学びは、没頭の中にこそあるのだ。

「オールB」思考にとらわれた学校

残念ながら学校は、こうした学びの本質を教えてくれない。むしろ、子どもたちから没頭する機会を奪うことばかりに力を注いでいるのが現状だ。

象徴的なのが、学校教育を覆う「オールB」思考である。

たとえば、5教科のうち1教科だけがA評価であとはE、という生徒のことを普通の教師は褒めない。どれだけその1教科に飛び抜けた才能があろうと、教師は不出来だった四つの教科について彼を咎める。国語しかできない子は、こんな風に言われるだろう。「あなたは理系科目が弱点だから、数学や理科をもっと頑張りなさい」

これが「美術だけ」「体育だけ」になると、教師の評価はもっと辛くなる。主要科目以外の特技に打ち込む生徒は、学校から見ればただの落ちこぼれでしかない。

野球に没頭すれば「野球バカ」と言われ、化学に没頭すれば「化学バカ」と呼ばれる。没頭している何かについての価値判断より、できていない部分の量によって「バカ度」を測られるのが学校という場なのである。

教師が評価するのは、全教科でまんべんなく点の取れる生徒だ。際立ったAはいらないから、すべてに「そこそこ」であるオールB人材が一番可愛がられる。全教科でAを取る抜群の優等生よりも、むしろオールB人材の方が好かれやすい。

なぜ学校は、オールB人材ばかりを作り出そうとするのか？

理由は簡単だ。

第1章の話を思い出してほしい。学校の原点は、工場労働者の育成機関である。労働者を使う側からすれば、すばらしい長所が一つだけある人材よりも、これといって大きな短所の見当たらない人材の方が使いやすい。どんな場所に配置しようが、何を指示しようが、「そこそこ」こなしてくれるに違いないからだ。

つまり、工場側が欲しいのは、際立った才能を持っているスペシャリストではない。与えられた指示だけはなんでもこなせる、ジェネラリスト的な労働者なのである。

残念ながら21世紀の今も、こうした工場の体質を引き継ぐ多くの企業が、オールB人材の求人に励んでいる。そして学校はそのニーズに応え、一芸に秀でた「天才」ではなく、ほどよい「凡才」の大量生産を続けているのだ。

「オールBはいいことじゃないか」と言う人もいるだろう。もちろん僕も「まんべんなく」できることのメリット自体を否定するつもりはない。オールAか、Aが一つしかない一芸に秀でている人だけが正しい、などと言う気もゼロだ。いわゆるオールラウンダーのスポーツ選手が試合で重宝されるように、多芸であることを活かせる場は、社会にいくらでもある。

問題は、本当に何もかもがオールBという人はいないということだ。

ほとんどの人には、得手不得手がある。数学は得意だが国語はできない、文章は書けるが対面のコミュニケーションは苦手、などの凸凹があって当然だ。それがどれだけ大きな凸凹であっても、僕は普通のことだと思う。

ところが、学校はそれを許容しないのだ。土台無理なのに何とかオールBに近づけようとするし、その努力を当然だと思わせようとする。

そんなことをする必要はない、というのが僕の意見だ。

学校が人に「オールB人材であれ」と命じるのは、「誰に、いつ、何を命令されてもそこそこなせる」ようになるためだ。つまり、「やるべきことは、誰かから与えられるものである」という価値観が前提なのである。

ならばこうも言えるはずだ。自分で自分のやることを決め、それによって生きていくのであれば、オールB人材でなくてもいいのだと。自分のポジションは自分で作ると決めている人は、闇雲にオールラウンダーになるための練習はしない。

あなたにも、Aが取れる部分と、CやDしか取れない部分があるだろう。それを平らにならそうという努力は不要だ。オールB思考とは、「労働者には、自分のやることを決める権限はない」という、古臭すぎる価値観の名残なのである。

「禁止」だらけの学校生活

親、教師、世間の大人たち。これらの人々は、子どもや若者の「没頭」を極端に嫌う。「没頭」とは欲望の解放であり欲望はコントロールできない、という理屈からだ。

大人たちに課せられた課題は、いかにして子どもたちの欲望をコントロールし、カドの取れたオールB人材を育てていくか。そして、いかに凡庸なジェネラリストとして磨き上げるか、それだけだった。

学校という集団教育の場は、没頭を否定し、天才を否定し、オールBの常識を植え付けていく洗脳機関なのである。

では具体的に、学校はどんな手段を使ってその洗脳を行い、すべての子どもをただの凡才に仕立てあげようとするのか。

「禁止」である。

刑法から信号機まで、社会に存在するすべてのルールは「禁止令」という形で通達される。そしてご存じのように、学校には数多くの校則があり、明文化されていない「常識」というルールが存在する。

たとえば登校の際、「学校が認めた制服しか着てはいけない」という禁止令だ。

上履きの存在だって「土足で校舎に入ってはいけない」という禁止令だし、「アルバイトをしてはいけない」とか「学校にスマホを持ち込んではいけない」とか、さまざまな禁止令が存在する。

小中学校では「給食は残さず食べなければならない」「廊下を走ってはならない」「先生とすれ違うときは挨拶をしなければならない」など、人権侵害スレスレの禁止令もたくさんある。

僕自身が体験した、象徴的なエピソードを紹介しよう。

中学１年生の時のことだ。その日は雨で、校庭での体育の授業が中止となった。代わりに僕たちは、教室で教育ビデオを見せられた。ビデオの内容は覚えていない。ということはやはり退屈な内容だったのだろう。

ビデオを見終わった後も、さらに教師の退屈な話が続いた。僕は眠くなった。話を聴きながら自然とあくびをしていた……次の瞬間、目から火花が散った。教師が、僕の頭を殴りつけたのだ。しかもゲンコツは２発、３発と続いた。

「社会ってこういうものなのか！」

殴られながら、僕は心から驚いた。眠くてあくびをしただけで、ボコボコに殴られる。それが当然とされるのが学校であり、それを内包する社会の姿なのだ。僕はその後も幾度となく、くだらない理由でタコ殴りにされた。

教師はきっと、「目上の人が話している時に、気をそらしたり、眠気をあらわにしたりするべきでない」という「禁止」を、体罰という形で僕の身に叩き込んだつもりなのだろう。

あれをしてはダメ、これをしてはダメ、と禁止のルールを増やしていくことは、非常にコストの安い教育手法だ。教師たちは難しいことを考えず、ただ禁止の柵からはみ出した者を叩いておけばいい。

禁止のルールを十分に身につけた子どもたちは、晴れて常識人として、そして凡庸なジェネラリストとして社会に出ていくことになる。そして彼らは、大人になってからも自分で自分にブレーキをかけ続けてしまうのだ。

あなたも、「鎖につながれた象」の話を聞いたことがあるかもしれない。サーカス団の一員として幼い頃からずっと杭に鎖でつながれていた象は、大人になって杭を引き抜いて逃げられる力をつけた後も決して逃げようとはしなかった。自分が無力であることを長年信じ込んできたため、その考えを改められなかったのだ。

禁止という低コストな集団教育は、没頭できず、自分の欲望に忠実になれず、我慢が大好きな労働者を育てるためには実に効果的なのである。

だからだろう。いつでもやりたいことをたくさん抱えて忙しそうにしている人に話を聞くと、学校生活において、教師たちの強制するルールに素直に従えなかったという過去を持っていることが多い。

たとえばロンドンブーツ1号2号の田村淳氏は、高校時代、劣等生だったにも拘わらず生徒会長に立候補した。理由は、「『学校の廊下を走ってはいけない』という校則にどうしても納得できなかったから」だったという。

そこで彼は、「必要な時には走ってもいい」という校則に変えるためだけに生徒会長に立候補し、見事当選した。イノベーター的な人材は、常に既存のルールを疑い、その変革のために行動できるという好例である。

あなたが自分にかけているブレーキも、大部分は学校時代に浴びせかけられた数多の禁止令でできている。今からでも決して遅くはない。「～してはいけない」という禁止の言葉が頭をよぎったら全力で抵抗しよう。あなたを縛るルールの鎖は、実はとっくに外されている。あとは、そのことに気づくだけなのだ。

「バカ」になれば教養もついてくる

これからの時代は、何の変哲もないオールB人材よりも、際立った特長を持つ「専門バカ」の方が生き残りやすくなる。なぜなら、オールB人材の代わりはいくらでもいるが、「専門バカ」の代打が務まる人材はなかなかいないからだ。実は、「専門バカ」の方がずっと稀少性の高い、優れた人材なのである。

こう聞いて、あなたは次のような反論をするかもしれない。

「そうは言っても、幅広い教養を身につけることも大切じゃないですか？」

もちろん、生きていく上で教養は大切だ。

勘違いされやすいのだが、僕はその部分を否定していない。ネット検索の仕方や公開鍵暗号の仕組みなど、今の時代を生きるのになるべく持っていた方がいいスキルや知識は存在する。その持ち合わせがない人は、ある人に比べて、圧倒的に社会的リスクが高いだろう。

たとえば、「先祖供養のためにこの墓を買いなさい」「高濃度の水素水でダイエット！」などという宣伝文句にひっかかるのは、教養がないせいだ。最低限の科学的知識があれば、オカルト的インチキは一発で見抜ける。

でもこうした教養は、学校教育など経由しなくても身につけることができる。というより、学校では身につかないのだ。

なぜ多くの人が水素水にダマされるのだろうか？

学校で「わからないこと」「むずかしいこと」「めんどくさいこと」に出会ったとき、多くの人は「とりあえず先生の言うとおり」にする。えらい人が言っていることが一番正しい、と教えこまされる。

そのため、水素水のような「パッと見むずかしい」話が出てくると、自分のアタマで考えようとせず、えらい人（大学教授や医学博士、あるいは謎の協会の会長など）の言うことを盲信する。

「えらい人から教わる」式の学校教育では、真の教養は得られないのである。

そもそも、教養とは一体何だろうか？

いろんな主張がある。ある人は「豊かな感性だ」と言うし、ある人は「読み書きそろばん（計算）のスキルだ」と言う。「古典文学の一つも読んでいなければ教養はない」と言う人もいる。

いずれにせよ大人たちは、こうしたものはすべて「学校で、えらい人から教わるもの」だと思いがちだ。感性を養う体験も、読み書きそろばんを教えてくれるのも、古典文学を読ませてくれるのも学校だというわけだ。

僕の考えは違う。教養とは、それぞれが好きなことをしていく中で、必要なタイミングで身につけるものだ。

散々繰り返してきた通り、今はネットを使えば大抵の調べ物や勉強はできる時代。「自分にはここが欠けている」と思ったら、その場で瞬時に埋めることができる。学校を順当に卒業しなければ得られない教養など、もはや存在しない。ならば、「好きなように生きて、わからないことがあったらそのつど調べる」でいいのではないか？

僕の友人や知人には、いわゆる低学歴の人もたくさんいる。彼らはまさに、その場その場で必要に迫られた勉強をしながら生きている人たちだが、それで困っている様子はまったくない。むしろ本当に必要だと思って学んだ知識だからこそ、通り一遍ではない、生きた教養として血肉化しているのを感じる。

この、「わからないから調べる」を人にさせるのも、やはり「没頭する力」なのだ。

人は、興味の持てないことをやらされている時には、さっさと片付けることだけを考え、問題意識を持ったり、それについていちいち調べたりはしない。のめりこんでいる人だけが、目の前のものを真剣に見つめ、それについて多角的に考える。自分から手足を動かし、自分の頭で考えるからこそ、湧き出た疑問について貪欲に探究できるのだ。

たしかに、没頭する力自体は、教養とは違う。

でも没頭という技術を持っていれば、目の前の何からでも、幅広い教養の世界に飛び込んでいくことができる。自動車の運転技術を持っていた方がより遠く、より速くあちこちに移動できるように、没頭の技術を身につけていた方が、あなたの知はより遠くへ、より深く広がっていくのだ。

僕は中学時代、まがうかたなき「プログラミングの専門バカ」だった。あの頃は、持てる時間のすべてをプログラミングに投入していた。成績の低下に怒り狂った親にパソコンを捨てられたこともあったが、すぐさまゴミ捨て場から取り戻した。あの当時、僕ほどパソコンにのめりこんでいた子どもはいなかったのではないかと思う。

その体験は僕を無教養にしたか？　まったくそんなことはない。東大入学も、起業も、宇宙ロケット開発や予防医療など専門性の高い領域でのビジネスも、元をたどればすべてはあの「プログラミングの専門バカ」の時代が礎となっている。プログラミングこそが、僕に知の地平線を拡大する作業の楽しさを教えてくれたのだ。

だから「バカ」になろう。教養は、やる気なく教科書を眺めているだけでは身につかない。一つのことに無我夢中で取り組めば、それは勝手についてくるのである。

没頭は「天才の特権」ではない

没頭する力のことを、天才の特権だと思っている人が多い。

これまでに僕は、メルマガでもオンラインサロンでも、ずっと「ハマることの大切さ」を説いてきた。寝食を忘れるくらい何かに没頭する体験をしてみよう、そこから新しい道が拓けてくるから、と繰り返し述べてきた。

だが、僕の言葉ですぐに腰を上げてくれる人は少ない。彼らは口々に、「それだけハマれるのは堀江さんだからで、凡人の自分には無理だ」と言う。

凡人とそうでない人を分ける条件とは何か、という点はとりあえず横に置こう。

没頭は、「天才の特権」なのだろうか？

そうではない。没頭する力は、誰にでも備わった普遍的な力である。あなたも、かつては「没頭の達人」だったはずだ。

そう、子ども時代である。

周りに子どもがいる人ならわかるだろう。子ども時代は、誰もがあらゆることに没頭しながら生きている。彼らは、大人にとってはちっとも面白くないようなことを何十分でもやり続ける。特定の大きさの石だけを集めるとか、積み木で何かを作ったり崩したりを延々続けるとかそんなことだ。

あなたにも、なぜあんなことにハマっていたのか、と不思議に思う体験が一つはあるはずだ。昆虫採集、チラシの裏への落書き、テレビゲームや漫画、あるいは道路の白線の上を歩くなんてことかもしれない。対象が何であろうと、誰もがなんらかの形で没頭を経験してきた、ということには変わりない。

ただし、「子どもはみんな天才だ」などという甘ったるい言葉には僕は共感できない。子どもが天才なのではなく、これが人の「通常モード」なのだ。ただ、ほとんどの人は成長の過程で没頭を押し殺し、いつしか没頭そのものを忘れてしまうのである。

どうして人は、この力の存在を忘れてしまうのだろう？

そのきっかけを作るのは、親である。

部屋や服を汚したり、遊びに夢中になったりといった幼児の行動を、親は一口中制止し続ける。もちろん、子ども自身に危険が及ぶような行為は止めなければならない。しかしほとんどの親は、幼児の行動を管理する延長で、ある程度大きくなった子どもにまで「これをしちゃいけません」「あれをしちゃいけません」という禁止のシャワーを浴びせかける。

大半の子どもはこの時点で、「そうか、やりたいことをし続けるのは悪いことなんだ」と思い込むようになってしまう。あとは学校の禁止シャワーで仕上げれば、「自称凡人」の誕生だ。学校とは、親からの否定を引き継ぎ、強化する場だと言っても過言ではないだろう。

僕の場合は、子どもの頃から、親や教師の「〜をするな」という禁止にはまったく従わなかった。どれだけ言葉巧みに否定されても、彼らの論理の破綻を見抜き、拒否した。話も聞かずに否定していたわけではない。彼らの言い分を聞いた上で、「間違っている」と確信していたのだ。

これは比較的珍しいパターンらしい。多くの人は、大人の否定をすんなり受け入れてしまうようだ。

たとえば、「原宿ｋａｗａｉｉカルチャー」の第一人者と言われるアーティスト・増田セバスチャン氏も、あれだけの素晴らしい能力を持っていながら、若い頃は親による否定の刷り込みを受け入れていたという。

増田氏は、子どもの頃から絵を描くのが好きだった。そこで美術系の学校に進学したいと希望したところ、親に「画家の息子じゃないからダメだ。そういう人じゃないとアーティストにはなれないんだ」と反対された。

「そうか、画家の息子じゃないから、絵を描く仕事には就けないんだ」彼は10代前半にしてそう思い込んだ。そして大人になるまで、自分の生き方を見つけられない、茫洋とした日々を送るのである。

こうした話を聞くと、大人が子どもの「邪魔」をすることの罪深さを感じずにはいられない。おそらく、そうやって可能性を潰されたまま大人になった人が、社会には溢れているのだろう。

だから僕は、メルマガの読者やオンラインサロンのメンバーから子育てについてのアドバイスを求められた時、シンプルにこう答えることにしている。

「邪魔をせず、好きなことをやらせておけばいいんです」

「しつけ」や「教育」という建前で子どもの没頭を邪魔する親が減れば、やりたいことが見つからない「自分探し」に苦しむ人も減るはずだ。

ここで、社会人になって久しい人は「ここまで生きてきた自分にはもう、没頭する力なんて残っていないんだ」と悲観するかもしれないが、それはただの早とちりだ。

安心してほしい。親に、教師に否定されてきた歴史があろうと、いつだって挽回のチャンスはある。なぜなら、没頭する力は人間に標準的に備わっているものであって、枯渇したりはしないからだ。いつだって、蘇生する時を待っているのである。

増田氏も、その体現者だ。彼は結局、プータローのままでは終わらなかった。寺山修司の『書を捨てよ、町へ出よう』を読んだことがきっかけで演劇活動を始め、舞台美術にのめりこむ。やがて原宿に店を出し、その強烈な個性で日本のポップカルチャー・シーンに躍り出るのである。

生まれながらにして没頭できない体質の人間はいない。自分は何に対しても没頭できないと思っているのなら、それは親や教師をはじめとする周りの人たちからの刷り込みを信じているからだ。

一旦何かにのめりこんでしまえば、過去浴びせかけられた否定のことなんてどうでもよくなる。だから、没頭できないことを才能のせいになどする必要はない。

過去を嘆くのではなく、今この瞬間から、没頭に向けての一歩を踏み出そう。何も難しいことはない。これはあなたが子どもの頃、毎日嬉々としてやっていたことなのである。

自分でルールを決めれば没頭できる

では、没頭を忘れた大人がそれを思い出すためには、具体的にどう行動していけばいいのか。それを伝える前に、一つ、よくある勘違いについて語っておきたい。

何かにハマることの大切さを説くたびに、必ずされる質問がある。

「没頭できるようなことが見つからないんですが、どうすればいいですか？」

ＳＮＳでもメルマガでも見慣れた、定番の質問だ。

彼らの考えは、おそらくこうである。

この社会のどこかに、「没頭」とラベルの貼られたお宝が眠っている。それはキラキラと輝いているから、見ただけで「これならハマれる」と確信させてくれる。そして、マリオがスターを取った瞬間から無敵化するように、それに手をかけさえすれば、たちどころに没頭状態がやってくる……。

全然違う。というよりも、順番が逆だ。

人は、「没頭が約束されたもの」に取り組んだ時に没頭に至るわけではない。目の前のことにとことん取り組み、ふと我を忘れた瞬間がやってきた時に初めて、自分がそれに没頭していたことを発見するのだ。つまり、没頭を体験したいのであれば、何でもいいからとことんやってみればいいのである。

自分を没頭まで追い込むための最良の方法は、「自分で決めたルールで動く」ことだ。自分でプランを立て、自分のやり方でそれを遂行する。それでこそ工夫の喜びや、達成感が湧いてくる。誰かの命じたルールに従い、それに合わせてただ体を動かしているだけでは、喜びも興奮も感じようがない。

「堀江さんに言われて新しい趣味にチャレンジしているんですが、なかなか没頭できません」

今度はハマる対象を見つけたという人たちからの悩みだが、聞いてみるとその原因も大体同じだ。目の前のことを、ただ「こなしている」だけの状態なのである。

たとえばある人は僕に、「月に1～2回競馬場に行って、雑誌の予想を参考に馬券を買っています」と語ってくれた。これでは没頭するのは難しい。僕が競馬にハマったのは大学時代のことだが、競馬場にはもちろん通い詰めだった。時間も金も次から次へとつぎ込み、最終的には予想ソフトまで開発した。

ここで重要なのは、実は競馬場に通う頻度ではない。どのくらい自分の頭を使い、積極的な行動を取っているかだ。

脳は退屈が嫌いだ。「何も新しいことを考えるな」と命じられると、手持ち無沙汰のあまり、思い出を材料に「不安」「焦り」「嫉妬」といったゴミのような感情ばかり作り出す。逆に、考えるネタをふんだんに与えれば、「楽しい、もっとやりたい」という感情を放出する。子どものように単純なのだ。

僕は、その効果を実際に何度も感じてきた。

たとえば東大受験の際、僕は英単語帳を一冊丸々暗記している。単語の暗記なんて、それまではまったく興味の持てない作業だった。もし、これが教師から命じられた作業だったら、とてもではないがやらなかっただろう。

僕がそれに取り組めたのは、「すべてを自分で決めた」からである。受験対策を研究している中で、僕は自分から「単語を暗記しよう」と決意した。そして自分で単語帳を選び、自分で決めたペースで暗記を進めた。すると、まるでゲームにのめりこむように、その暗記作業に楽しく没頭できたのだ。

ゲーム「人狼」にハマったのも、「自分で考えること」がキーポイントになる遊びだったからだろう。

「人狼」とはパーティゲームの一種で、「平和な村に、人間に化けた人喰いの狼が複数潜り込んできた。村人たちは、全滅する前に村の中の誰が人狼かを推理し、追放していかなければならない」という設定のもと、村人役と人狼役に分かれて、口頭で心理戦を繰り広げるという内容である。

ルールだけ話すと、「それって面白いんですか？」と首を傾げられることも多い。実を言うと、僕も友人に勧められて舞台版の人狼（舞台上で、役者が人狼を繰り広げるというもの）を観るまではまったく興味が持てなかった。

ところが、やってみたら実に刺激的で、どっぷりハマってしまったのである。口に出す言葉は、すべて自分で考え抜いて決めなければならない。用意されたシナリオではなく、「自分で作るストーリー」を歩む。ここに、のめり込むポイントがあったのだ。

「与えられたルール」ではなく、「自分でやると決めたこと」をする時、人は「楽しい」と感じる。逆に、餌を待つ雛鳥のようにただ口を開けて待っているだけでは、どんな豪勢な遊びを提供されても、本当にそれにのめりこむことはできない。

僕の運営するオンラインサロンＨＩＵ（堀江貴文イノベーション大学校）でも、楽しんでいるのは「自分から動いている人」だ。何もせず、ただＲＯＭしているだけ（他人の書き込みを読むだけで自ら動かない）の人たちは、行動的な人たちの半分も楽しめている様子がない。同じ場を共有していても、大きな違いがあるのだ。

だから、どんなに小さくてもいい。自分でルールを設け、「自分で作り出したゲームをプレイする」状況を作ろう。競馬であれば、予想を聞いてただ「そうなのか」と思うのと、「なぜこの人はこう予想したのか」を考え抜き、他のあらゆる予想を比較検討し、自分独自の理論を構築していくのとでは、楽しさが何段階も違ってくるはずである。

つまり没頭とは、探すものではなく、頭を使って到達するものなのだ。入り口は、極論を言えば何でもいい。ポイントはただ一つ。自分がその取り組みの中で、ルールを決めるボスになれるかどうかなのだ。

「広瀬すずに会いたい」で十分

没頭の入り口は何だっていい。

とはいえ、せっかく取っ掛かりを作るなら、「好き」なこと、興味の持てることから入るのが一番だ。「好き」「快」に忠実になること。これも、没頭する力を解放するためには重要なポイントである。

この「好き」は、大げさなものでなくてもかまわない。「ちょっと好き」程度でもいいのだ。

たとえば、あなたにも好きな芸能人がいるだろう。別に、日頃から追っかけをするほど好きでなくてもいい。「広瀬すずかわいいな」というレベルでかまわない。

では、そんな「ちょっと好き」な彼らに、直接会えたら楽しいと思わないだろうか。実際に広瀬すずと言葉を交わしたり、仕事ができたりしたら、と考えるとワクワクしないだろうか？

「そんなことできるわけない」と大抵の人が思うに違いない。なぜなら、「芸能人と会える」ことを大げさに、しかも紋切り型に考えて、はなから「無理」と決めつけているからだ。でも、ここではその「無理」を一旦封印して、ゲーム感覚でひたすら知恵をしぼってみよう。そうすれば、いくらでも案は出てくるはずだ。

芸能人として同じ映画に共演する。テレビ番組制作のスタッフになる。ヒットドラマを書く脚本家になる。エキストラとして共演する。事務所のマネージャーになる。雑誌やウェブ記事の取材側として接触する道だってある。友達のツテをひたすら辿って、直接的なコネクションを探すこともできるかもしれない。

では、これらに向けた最初の一歩を踏み出すことは、本当に「無理」なのか。

「絶対に達成できるのか」ではない。「それに挑戦することは可能かどうか」を考えてみてほしい。

俳優のオーディションに挑戦してみる。テレビ番組制作のスタッフ募集に履歴書を送ってみる。「どうしても広瀬すずと一緒に仕事がしてみたいんだけど、潜りこめそうな現場はないかな」と友達にＬＩＮＥで相談してみる……。

どれも、誰にだってできることばかりだ。障害があるとしたら、「恥ずかしい」「失敗が怖い」くらいだろう。そんなものは、「無理」のうちには入らない。

「あの芸能人がちょっと好き、会ってみたい」という小さな好奇心からでさえ、これだけの

「できること」リストが作れる。そして自分のやりたいこと、のめりこめることにつながる扉は、その中に埋もれているかもしれないのだ。

自分からさまざまな情報に触れ、動き回っているうちに、「これは面白い」「これには興味がない」といった内なる声が活性化してくる。はじめは小さなものかもしれない。しかし、それを拾い上げ精査していくうちに、何かしら自分の方向性のようなものが見えてくるはずだ。それを見つけたら、あとは没頭できるまで、そして飽きるまで取り組んでみればいいのである。

それを示すいい例が、僕の知人にいる。「コンビニアイス評論家」を名乗っているアイスマン福留という男だ。とてつもなくニッチな肩書きだが、それだけにアイス関連の特集記事や企画には強い。『マツコの知らない世界』『王様のブランチ』などの人気番組にも出演している。

彼のこのユニークなポジションは、とても素朴な「好き」から生まれた。

彼は高校卒業後、あらゆる仕事に就いた挙句、ＷＥＢ制作会社の経営に失敗し財産のほとんどを失う。その時に、「もう、これからは好きなことだけしよう」と開き直って２０１０年に立ち上げたのが、アイスクリームのポータルサイト「コンビニアイスマニア」だった。

当時、彼はすでに37歳になっていた。

そんなものを作るくらいだから、最初から稀代の「アイスマニア」だったのか？

実は違う。立ち上げ当初は、アイスに対する情熱も、知識も人並みなものだったという。

しかし、サイトの更新のために毎日アイスを食べ、国立国会図書館で資料を漁り、メーカーへの問い合わせを繰り返す中で、彼のアイス愛と知識はどんどん高まっていった。まさに「没頭するまで続ける」を実行し、「好き」を仕事として成立させてしまったのである。

サイト立ち上げ当初、彼くらいの「アイス好き」は、日本中のどこにでもいたはずだ。でも、そこから一歩踏み込んだことが、彼をメディアが認める評論家にまで導いた。決して大儲けしているわけではないようだが、自分の好きなことを仕事にして暮らしている彼は十分に楽しそうである。

ということは、あなたの今持っている「ちょっと好き」だって、どんな広がりを見せるかはわからない。「失敗が怖い」くらいで臆するのは、あまりにももったいないというものだ。

ファッションが好き。ヒップホップが好き。サバゲーが好き。

その程度の入り口からも、無限の可能性にアクセスすることができる。そう考えれば、自分の身の回りにあるものや行動のすべてが、「大きなチャンス」に見えてくるはずだ。

逆算をせずハマり倒せ

「自分が好きなのは○○くらいなんですけど、これにハマっても仕事にはつながらないですよね……」

没頭への第一歩を踏み出した人から、こんな不安を打ち明けられることがある。こうした人たちに僕からできるアドバイスは一つ。

そんなことは気にするな、好きならとにかくハマれ！　だ。

用意されたレールを飛び出し、未知の世界へと突き進む。それが本当の「学び」の始まりだ。だから、「先の方にレールが見えない」状況は、自分の選択が正しかったことの証と言える。

そもそも、「仕事につながる趣味」などこの世界には存在しない。誰かが自分の没頭の中からつかみだしたものが、仕事になったり、お金になったりするだけなのである。

「仕事にはつながりそうもないこと」に没頭し、それを仕事にした人なら僕はいくらでも名前を挙げられる。たとえば、「ZOOMADANKE（ず〜まだんけ）」というけん玉ユニットを組んでいる二人、イージー（EASY）とコダマン（KODAMAN）もそうだ。

彼らの売りは、けん玉とダンスを組み合わせた独自のパフォーマンスだ。全国各地のイベントやショー、ワークショップで大人気を博している他、２０１６年には紅白歌合戦への出演まで果たしている。

ユニットの誕生は２０１０年。小学生の頃からけん玉に熱中していたイージーから、コダマンが技術を習ううちに結成に至った。そして、２０１４年頃には欧米を中心に世界中で「けん玉ブーム」が巻き起こる。スケートボードやヒップホップなどと同じように、若者のストリートカルチャーとして注目されるようになったのだ。こうしたムーブメントも当然、二人の活動を盛り上げる一因となった。

彼らのような働き方は、「逆算」からは絶対に生まれない。当たり前である。「けん玉×ダンスのパフォーマー」などという仕事は、彼らが作り出すまでは存在しなかったのだから。また、二人はけん玉ブームの到来もまったく予想していなかったという。

こうしたエピソードには、親近感を覚える。僕も似た経験をしてきているからだ。

僕がプログラミングに熱中していた中学生の頃、世間に「ＩＴ系のお仕事」などという概念は存在しなかった。当然、その頃の僕にも「これを使えるようになれば大人になってから得をするぞ」などという計算はない。

僕は、ただただ夢中だったのだ。プログラミングによってパソコンから音楽を鳴らすことに。あるいは、ディスプレイに図柄を浮かび上がらせることに。仕事になるのか、お金になるのかといった損得勘定とはまったく関係なく、純粋に起きる出来事を楽しんでいた。ＩＴビジネスのブームなんて想像しようもなかった。

後先考えない没頭から、新しい仕事へとたどり着く。こうした例をよく知っている。

だから僕は、人が一見どんなにくだらなそうなことにハマっていても、「そんなことをしていても食っていけないのに」とはまったく思わないのだ。むしろ、逆算をすればするほど、人の可能性は狭まっていくと思っている。

それはつまり、こういうことだ。

１００点というゴールを最初に設定し、それに向かって突き進んでも、あなたはどんなに頑張ったところで１００点までしか取れない。１００点以上を取れる確率はゼロだ。

でも逆算をやめ、１点１点を楽しみながら積み上げていけば、無我夢中で動いている間に、２００点、３００点とその点が膨れ上がっていく可能性が開かれる。この場合、取れる点数の上限はない。目標からの「逆算」を思い切ってやめたほうが、得られるものの可能性は大きく膨らむのである。

ニューヨーク市立大学大学院センター教授のキャシー・デビッドソンは、２０１３年に、ニューヨーク・タイムズのインタビューで「２０１１年度にアメリカの小学校に入学した子どもたちの65％は、大学卒業時に今存在していない職業につくだろう」と話している。

この予想は正しいと思う。ゲームが好きすぎてゲーム実況者になった人。キャラ弁当を作ることを仕事にしている人。ユーチューブの動画投稿で食っている人。恋愛テクニックの啓蒙をするメルマガで多数のファンを得ている人。こんな人たちの登場は、ほんの10年前まで誰も予想できなかった。

僕が子どもの頃、インターネットやスマートフォンが普及した社会をまったく想定していなかったように、10年後や20年後、どんな仕事が成立しているのかを予測することはきわめて難しい。ほとんど不可能だ。

今は食っていける仕事も、10年後にはなくなっているかもしれない。逆に、今はとても仕事にならなそうなことが、未来の花形ビジネスになっている可能性もある。そしてそのきっかけを作るのは、ひょっとしたらあなたかもしれないのだ。

大人の言うことは聞くな

以上、「没頭する力」を押し殺すものの正体と、その解放のための考え方について述べてきた。没頭が、特別な人にだけ取得できる特別な技術などではないことは、よくわかってもらえたのではないかと思う。

没頭できるかどうかを決めるのは、人の性格でも、あるいは没頭の対象の種類でもない。それに対してどれだけ主体的に関われるかだ。目の前に現れたものを、「与えられた作業」ではなく「自分でルールの作れるゲーム」だととらえられるようになれば、あなたの人生は今この瞬間からでも、没頭で埋め尽くされていくだろう。

では、なぜあなたはそこに足を踏み出せないのか？

簡単だ。学校教育の洗脳が抜けていないからである。

学校は、人が「好き」や「快」で動くことに対して、すぐにイエローカードを差し出す。あくびをしたら咎め、はしゃいでいたら叱り、できない部分をひたすら注意する。これらを許してしまったら、その人はオールBを目指さず、「禁止」への恐怖も持たない人間になってしまうからである。

「禁止」ルールに基礎づけられた学校教育の中で、人は自分の中の「好き」や「快」に従って生きること自体を「悪いこと」だと思い込む。その結果、自分の没頭する力に強烈なブレーキをかけ、身動きがとれなくなってしまうというわけだ。

僕には、「好きなことに打ち込むことは悪いことである」という価値観はさっぱり理解できない。

「子どもがサッカーに夢中で、サッカーの強い高校に行きたいと言うんです。でもJリーガーになれる人はごく一部だし、できれば普通の進学校に進んで勉強してほしくて……」

この手の意見は耳にタコができるほど聞いてきたが、率直に言うと、僕には意味がわからないのだ。

「サッカー選手になれる確率は低いのだから、サッカーにハマるのは無駄だ」。これは裏を返せば、「サッカーをやるからには、サッカー選手にならなければならない」という謎の強迫観念にとらわれているということだ。

サッカーという入り口は、サッカー選手という出口にしかつながっていない……とても窮屈な考え方だ。まさに、「用意されたレール」式の発想である。

いちいち解説するのもおかしな話だが、「サッカーに没頭する」という体験がもたらす可能性は、「プロのサッカー選手になる」ことだけじゃない。

もしかしたら彼は、途中でサッカーグッズの開発に興味を持つかもしれない。

サッカー漫画にハマって漫画家を目指し始めるかもしれない。

サッカー部でできた友達と、何か関係ない仕事を始めるかもしれない。

10年後にはサッカーにまつわるまったく新しいビッグビジネスが生まれており、彼のスキルがたまたまそれに生きるかもしれない。

こんな想像は、いくらしてもきりがない。まさに無限大だ。こうした可能性を、すべて「ゼロだ」と却下できる人はいないはずだ。同時に、どれか一つの可能性だけを取り上げて、それを理由にやるやらないの選択を下すのも馬鹿馬鹿しい。やりたいならやればいい。それだけだ。

現実はそうなのに、「サッカー選手になれる確率は低いから、真面目に勉強しなさい」という、論理的に破綻した正義を平気で振りかざすのが、学校教育なのだ。

学校は、どんな入り口からでも、無限の可能性にアクセスできるという事実を隠蔽する。

そして、解くべき問題集を、進むべき大学を、就職するべき優良企業を次から次へと用意し、人をそのレールの上だけで走らせようとする。

これを、もののわかったような大人たちは、「学び」であると主張してきた。でも、そうでないことは、ここまでに説明してきた通りだ。学校はもはや、人の幸福の導き手にはなり得ない。

学校というレールの作り手がいなくても、あなたは自分の進むべき道を自分で切り開いていくことができる。あらゆる可能性に導く真の案内人は、あなたがブレーキペダルから足を離すその瞬間を、今か今かと待ち望んでいるのだ。

第4章　三つの「タグ」で自分の価値を上げよ！

「学校」と「貯金」は同じ

僕がなぜ「学校はいらない」と繰り返すのか、ここまでの話でかなりわかってもらえたと思う。

もともと学校は、「国民」と「労働者」を育てるための機関として誕生した。そして学びの機会を与えるどころか、いちばん大切な「没頭」の機会を奪う場として存続し続けている。没頭する力を奪われた人々は、自らにブレーキをかけ、行動力を失い、やがて好奇心さえ失っていく。

模範的な国民である必要がなくなった現在、学校は得るものが何もなく、失うものばかりが待っている無用の存在だ。

こうした場にお金と時間をやたら浪費するよりも、さっさとやりたいことをやってしまった方が学びの機会も断然多い。

そのことに、感度のいい若者たちはとっくに気づいている。今では、大学生起業家なんてちっとも珍しくなくなった。そのうち、中学生、小学生での起業も当たり前になるだろう。

一方で、僕のメルマガやＳＮＳアカウントには、日々こんな質問が飛んでくる。

「堀江さんのようにいつか起業したいと思っている者です。勉強のために大学に入り直そうと思っているのですが、どこがおすすめですか？」

「未経験の分野でコンサルタントをしたいと考えています。ビジネススクールに行けば、必要なスキルや人脈は手に入るでしょうか？」

なぜ、彼らはそれほどまでに学校という場に価値を置き、そこで学ぶことにこだわるのだろうか？

「いざという時のため」。これが彼らが口にする理由である。

この先、何が起きるかわからない。だから学校に行って、なるべく多くを学んでおきたい。あらゆるリスクに備えておきたい。

こう考えるのは、起業を控えたビジネスパーソンだけではないだろう。何とかいい大学に入ろうとする平凡な高校生やその親のほとんどが、同じように抱いている思いに違いない。

これとよく似た発想で人を惹きつけているものがある。

日本人なら誰もがしている「貯金」である。

「いざという時のため」。まさにこれは、人が「貯金」を始める時の動機づけだ。

進学、引越し、転職、結婚、老後。あらゆる状況変化を想定して、人は買いたいものを我慢し、お金をひたすら蓄える。

学校に行こうとする人たちも同じだ。「将来のリスク」をあれこれ思い浮かべ、今この瞬間の「やりたい」という気持ちをこらえる。代わりに、学歴や資格、スキルといったものを「蓄え」ようとする。

彼らにとって、学校から得られるものは、お金の蓄えと同じ、リスクヘッジの手段だったのである。

このように、「貯金」と「学校」に対する人々の価値観はガッチリと重なっているのだ。

本章では、将来への「蓄え」を重んじる考え方のことを「貯金型思考」と呼ぼう。すぐに動こうとしない人、学校で学ぶことに執着する人たちはみんな、この「貯金型思考」に強くとらわれている。

ご存じの方も多いと思うが、僕の「貯金」に対するスタンスは明確だ。

貯金は「無駄」。

それが僕の、昔から変わらない考え方である。

なぜか？　「貯金」は、ただの現状維持に過ぎないから。１万円を使わないことで「１万円のまま」残す。そこには何の成長も、喜びもない。

もし、あなたが自分自身の価値をもっと高めたいと思っているのであれば、するべきことははっきりしている。

「投資」だ。１万円を「使う」ことによって10万円へ、１００万円へと増やしていくように、自分自身の市場価値を高めていくのだ。この発想を、我慢と節約が必須の「貯金型思考」とは逆の「投資型思考」と呼ぼう。

日本人は貯蓄が大好きだ。「貯金は美徳だ」と思い込んでいる人たちがとにかく多い。

だが、ここまで読み進めてくれている人たちには何としても、「いざという時のためには、お金や学歴、資格、スキルを『蓄える』べきだ」という、誤った思い込みを捨て去ってほしい。

我慢や節約をベースとした「貯金型思考」は、あなたに何のメリットももたらさない。本章を通じて、今すぐ自分を豊かにするための、あるべき「投資型」の生き方へと踏み出してほしい。

貯金は我慢の継続

自分の価値を高めたい。そして、自分の思い描く理想像に近づきたい。

表3

	貯金型	投資型
基本行動	蓄える	増やす
大切にしているもの	貯蓄額	時間（時価総額）
使ってもかまわないもの	時間	お金
マインド	我慢・節約	勇気・ワクワク感
欲しいもの	安心	自由
大きく増える可能性	なし	あり
元本割れリスク	なし	あり
価値判断	しない	する
財産を使うタイミング	いざという時（未来）	いつでも

この望みを叶えようと思った時の、人の考え方や行動パターンは二つに分かれる。それが前項で挙げた「貯金型思考」と「投資型思考」である。両者の違いは重要なので、ここからさらにしっかりと見ていきたい。

「貯金型思考」の人が重んじるのは、「蓄える」ことだ。

蓄える対象は、お金だけではない。モノ、学歴、肩書き、資格など、「価値があるとされているもの」全てである。そして、「蓄える」ことに不可欠なマインドは、なんといっても「我慢」だ。

貯金そのもののことを考えてみれば、それは明らかだろう。貯金は、お金を「使わない」でいることだ。欲しいものを買わない、行きたい場所に行かない、会いたい人に会わない。そうしたお金がかかる局面で、「使わない」という選択をすることによって積み上がっていくのが貯金である。貯金額とは、「財産を使わなかった＝我慢した量」が可視化したものだと言える。

一方、「投資型思考」に必要なマインドは、勇気やワクワク感だ。投資とは「お金を使う」こと。的確に先を読み、自分がいいと決断したところに積極的に使っていかなければ、リターンは決して得られない。

「貯金型思考」を支えるのは我慢であり、「投資型思考」を支えるのは先読みと決断。

この時点で、「貯金型思考」を回避するべき理由は明らかだろう。我慢は没頭する力を押し殺し、人から本質的な学びの機会を奪う魔物だからである。

とはいえ、疑問は残るはずだ。我慢しすぎて自分の欲望にフタをするのがよくないのはわかる。でも貯金そのものは大切じゃないか、貯金によって手元のお金を増やしていかないと何もできないじゃないか――そんな意見だ。

よくある勘違いなので、ここではっきりさせておこう。貯金でお金は増えない。ただ移動するだけだ。すなわち、単なる金融機関への「貸し付け」である。

銀行や郵貯は、あなたから預かったお金を、入金されたそばから自社の利益のための運用に回す。つまり、あなたから借金をしているのだ。その証拠に、バランスシート上では、顧客からの預貯金が「負債の部」に入っている。

金融機関は、あなたから借りたお金を運用して増やし、利子をつけて返す。これが金利だ。この仕組みがうまくいっていた高度成長期には、銀行の定期預金の金利が6％を超えていた。この時代の預貯金はたしかに、ある程度「おトク」だったかもしれない。何も考えなくても預ければ預けるだけ増える、という時代だったのだ。

でも、今は違う。この超低金利時代に、銀行や郵便局にお金を預けてもなんの得もない。1000万円を普通預金で1年間預けて、ようやく100円が貰える程度の金利だ。そんなものは、振り込みなどのたった1回の手数料で消えてしまう。

いくらお金を貸しても、銀行の儲けを差し引かれた雀の涙の利子しかもらえない。それが預貯金の現状だ。一種のぼったくりビジネスと言えるだろう。

だから預貯金とは結局、自分の持っている財産を、ある場所からある場所へ移動させることでしかないのだ。給与を右から左へいくらせっせと移動させたところで、それは根本的に「増えている」とは言えない。「使わなかったお金」がただの数字として記載されているだけだ。

毎月コツコツと貯金し、通帳残高の数字が増えていくのを見てニンマリ微笑む……こういう人は、自分が我慢してきた時間を眺めて満足しているわけだ。

趣味は人それぞれだが、もしあなたが「投資型思考」を目指すのであれば、こうした単なる自己満足からは足を洗ってほしい。あなたの価値を最大化するのは、「どれだけ我慢したか」ではなく、「どれだけ自ら決断をしたか」なのである。

「ゼロリスク」幻想にとらわれた日本人

「貯金型思考」から「投資型思考」へ。これはつまり、正しい自己投資をしよう、ということだ。

自己投資という言葉は、ビジネスの世界ではおなじみである。自己啓発系の本を読むと、「年収の３割を自己投資に回そう」などという話もよく出てくる。

だが、世間で言われている自己投資のほとんどは、その目的を果たしていない。なぜなら、そもそものベースが「投資型思考」になっていないからである。

たとえば、自己投資と聞いて多くの人が思い浮かべるのは、以下のようなものだろう。

まずは、勉強による箔づけ。語学留学やＴＯＥＩＣ受験、資格取得、海外留学などがこれにあたる。これを志向する人たちの多くが、「学校」という場を利用しようとする。

それから人脈づくりだ。有名起業家のセミナー、朝活と呼ばれるモーニングタイムの勉強会、異業種交流会など、ビジネスパーソン向けの交流の場は数多い。こういった場所では、互いに利益をもたらすような人間関係を増やすことが目的になる。

1箇所に集まっての座学、あるいは交流。これらはすべて、「学校」的価値観のもと展開される「自己投資法」だ。

では、その効果はどの程度あるのか？

周りを見ている限り、使った時間とお金に見合うだけのリターンを得ている人は極めて少ない。「英会話教室に通ったけど、結局、話せるようにならなかった」「セミナーで一流講師の話を聞いて納得したけど、自分ではまだ何もしていない」。そんな声はいくらでも聞く。

そもそも学校に通うという方法は、費用対効果、時間対効果があまりにも悪い。

わざわざ資格なんて取らなくても、同じスキルをネットや実践で身につけることはできる。大枚をはたいて留学しなくたって、オンライン英会話を活用すればいい。起業家の考え方を知りたいなら、セミナーなんかに行かなくても、その人の著書を読んだり、ＳＮＳで発信されている情報を得れば十分だ。

簡単に目的を達成する手段があるのに、わざわざ学校やセミナーに通うのは無意味な遠回りだ。そしてリターンが少ないということは、それは「投資型」ではなく、「貯金型」にとどまっているということなのである。

しかし多くの人は、それでも「貯金型」を選んでしまう。この理由も、実際のお金をベースに考えるとわかりやすい。

そもそも日本人は、世界一の「預貯金」好き民族だ。個人金融資産における現預金の比率が、世界で圧倒的に高い。ユーロ圏の34％、アメリカの13％に対し、日本は52％もある。

海外の場合、資産を持っている人は、それを投資信託や株式に回していることが多い。しかし日本人の場合、「預貯金」という形を好む。

「投資」と「預貯金」の違いは、元本割れ（もともとの資本金額を下回ること）のリスクがあるかどうかだ。投資の場合は、大きなリターンの可能性がある代わりに、元本割れのリスクがある。預貯金の場合、大きなリターンを得る可能性はないが、元本はそのまま残り続ける。

日本人は、預貯金の利率が皆無に近くても投資より預貯金を取る。つまり、もっと大きな価値を得られるチャンスよりも、「ゼロリスク」であることを選ぶのだ。

この考え方が、お金以外のあらゆるモノや機会において日本人の心を支配している。結局、人々がやたらと学校に通いたがったり、強い指導者を欲しがったりするのは、それが「ゼロリスク」に近づく道だと思っているからだ。

学校は一見、「正解」を教えてくれそうに見える。周りを見渡しても、「自己投資のためにビジネススクールに通い始めた」「資格の勉強を始めた」と言う人が大勢いる。「みんながやっている」ことなのだから、その方がレールを踏み外す危険は抑えられるのだろう……これが、いつまでも学校に通い、教え導いてもらおうとする人たちの本音だ。

失敗のリスクを下げる一番簡単な方法は、「変化」を避けることだ。だが、この方法では必然的に、「良い変化」も捨てることになる。

だから、「貯金型思考」に沿って行動する限り、いくら自己投資めいたことに労力を費やしたところで、あなたは変われない。それは、はなから大きなリターンの可能性を捨て、「ゼロリスク」という幻想を選んでいるからなのである。

「いざという時」の正体は、戦争だ

ここで、「貯金型思考」の人を縛っている、「いざという時」という呪いの正体を暴いておきたい。

転職した時、結婚した時、子どもができた時、病気になった時、家や車の必要に迫られた時、あるいはリストラされた時、定年退職した時……。人生にはさまざまな「いざという時」がある。

なぜそれほどまでに「貯金しなければ」という強迫観念に多くの人々がとらわれているのか。答えは簡単である。

「いざという時、貯金がないと危ない」というプロパガンダに乗せられているからだ。

ＴＶ番組やビジネスパーソン向けの雑誌などは、盛んに「老後のために○千万円貯めておけ」「毎月これだけ貯蓄に回せ」といったスローガンを叫ぶ。住宅ローンや、医療保険のキャンペーンも同じだ。中には、「貯蓄がないと、これだけ悲惨な末路が待っている」と人を脅すような内容のものも多い。こうした脅しを真に受けた人たちが、若いうちからせっせと貯蓄に励み、通帳に並ぶ数字を見て安心するのである。

しかし、ここには単純なカラクリがある。

先述の通り、預貯金の実態は「貸し付け」だ。預貯金がないと困るのは、実は僕たちではなく金融機関の方なのである。

つまり金融機関は、人々の老後を本当に気づかって貯金させようとしているのではない。「お金を貸してくれ！」と必死に主張しているだけなのだ。「いざという時」という概念は、そのために利用しているフィクションでしかない。

「これによって得をするのは『あなた』です。逆に、これをしないと『あなた』は深刻な損を被りますよ！」

これは、プロパガンダの基本文法である。正しくは「あなたがこれをしてくれないと、『私』が困ります！」だということさえ見抜いていれば、「貯金しないと危険」というバカの一つ覚えに陥ることはないはずだ。

貯金をめぐるこのカラクリが、そもそもどこから始まったのかについても理解しておこう。

実は、「たくさん貯金するのはいいことだ」という価値観は、日本にもともとあったものではない。「宵越しの銭は持たない」といった金銭に執着しない生き方が粋とされた時代もあった。貯金は近代に入ってから、国家によって意図的に作られたブームなのである。

きっかけは、ここでも戦争である。

日本で郵便貯金制度が始まったのは明治時代だが、それが普及したのは昭和10年代。日中戦争から太平洋戦争に突入しようとしていた時代のことである。

当たり前だが、戦争には莫大なお金がかかる。戦費調達に困った政府は、銀行や郵便局に預けられた、国民の預貯金を使うことを決めた。

もうおわかりだろう。国家はこの時国民に、「一円でも多く戦費を差し出させるため」のプロパガンダを打ったのだ。

政府は、昭和13年に「国民貯蓄奨励局」を設置し、大々的な貯蓄奨励キャンペーンを開始した。このキャンペーンは、同16年に制定された「国民貯蓄組合法」によってさらに強化される。

これは名前の通り、自治体や職場、学校ごとに、貯蓄のための組合を結成するという内容の法律だった。国民すべてが何らかの組合に所属させられ、そこを通じて貯蓄を強制されるようになったのである。こうなると、もう逃げ場はない。

当時の貯蓄を促すポスターには、「国防貯蓄・生活安定」「勝つために国民貯蓄」「一億一心」「家は焼けても貯金は焼けぬ」といったスローガンが躍る。『貯金は、あなたたちの得になる」という考え方を、国民に刷り込み続けたのだ。

この貯蓄キャンペーンには、目標金額もあった。1940年には年に120億円だったが、太平洋戦争突入後は230億円、270億円とどんどんつりあがっていく。国民は、貧しい暮らしの中、どんどん生活を切り詰めなければならなくなった。

「貯金は美徳だ」という「常識」が日本に生まれたのは、まさにこの時だったと考えられる。なぜなら、当時贅沢をやめ貯金に励むことは、報国の行いとして賞賛の対象になったからだ。逆に、得た金を自分のために使い果たすような奴は「非国民」だ。その出どころが給与だろうと、親の財産だろうと関係ない。この時代は、誰が持っているお金も、すべて「みんなの軍資金」だったのである。

「お前は自分勝手だ」とけなされるよりも、「みんなのために我慢して偉いね」とほめられる方が気持ちいい。皆の税金を無駄遣いする非国民だとののしられるよりも、ののしる側でいる方が気楽だ。

「自分はお国の役に立っている」という誇りは、娯楽も自由もない時代に、人の自尊心を満たしてくれる数少ない救いだった。追い詰められた特殊な状況下だったからこそ、国民の多くが、「一円でも多く貯金をするのが美徳だ」という方向へと流れていったのである。

以上が、日本に「貯金＝我慢は美徳だ」「浪費や投資は悪徳だ」という価値観の根付いた経緯だ。そして、「いざという時」という概念が、日本人の心を支配した原因でもある。

戦争という「いざという時」の親玉をとっくに失ったにも拘わらず、日本人の多くは、まだこの頃の習慣を引きずっている。「いざという時」のために貯金し、「いざという時」のために我慢し、「これで、いざという時にはなんとかなるはず」と安心を得ている。

だが今、現代人が「国家の戦費調達」のために自分の生活費を差し出す必要があるのか？答えはもちろん否だ。「貯金型思考」も、つまりは学校制度と同じ、Ｎという国民国家幻想の一部だったのである。

お金を使うべき時は「今」だ

小学生の頃、僕は冬休み明けの登校日が嫌いだった。

僕の通っていた小学校には、３学期初日に郵便局員が学校までやってきて、お年玉の貯金を呼びかけるというはた迷惑なイベントがあったのだ。

当時、おもちゃや漫画など、ほしいものはいくらでもあった。ところが両親の命令により、僕のお年玉は毎年、その郵便局員の手に渡ることになっていた。

「自分で持っていたら無駄遣いするに決まっている。いざという時のために貯金しておきなさい！」

そう、僕の両親は、頑迷なる「貯金型思考」の人間だったのだ。

だが僕は、「いざという時のために貯金しなさい」と言われるたびに不思議だった。

進学をするかどうかも、結婚をするかどうかも今の段階ではわからない。未来の僕は大金持ちになっているかもしれないし、家がタダで借りられる時代になっているかもしれない。貧乏でも、お金を貸してくれる相手はいくらでもいるかもしれない。

あらゆる可能性があるのに、どうして「大金が必要で、なおかつ頼れる人は誰もいない状況」だけを想定しなければいけないのだろう？

「人生のここぞという場面でお金を一気に投入すべし」。この理屈自体には、僕も反対しない。その通りだ、とすら思う。

ただし、僕の考える「持っているものを大胆に使うべき大事な場面」は、結婚する時でも老後でもない。

それは「今」だ。

多くの人が勘違いしているが、そもそも人間は「今」しか生きられない。過去はただの思い出だし、まだ存在していない未来のリスクをあれこれ考えるなんて無駄だ。

常に「やるべき時は今」という意識さえ持てば、「いつか何かあった時のために」「老後のために」なんてつまらない発想は吹き飛ぶ。

実行に移す前に死んでしまっては元も子もないのは明々白々だ。

だから、常に全力で今に向き合わなければならない。

僕は、いつだって「今」のために生きている。それは、自分にとって悪いことなんて起きるはずはない、という考えなしの楽観主義とは違う。その瞬間ごとの、時代の変化を全力で受け止める構えがあるということなのだ。

僕が小学生の時、この世にはまだグーグルもアップルもスマホもなかった。個人が、民間企業でロケットを飛ばすなんて夢のまた夢だった。

30年前には夢物語だったそんな世界を、僕たちは今実際に生きている。

ということは、ここから30年後の未来を、今から想像したって無駄に決まっている。想像もつかないことが、これからもどんどん起きる。

だから、あなたも10年後、20年後のリスクに備えるのはやめよう。今この瞬間にも、決断の時は訪れているのだ。

金、時間、努力より重要なもの

いつ来るかもわからない「いざという時」のために我慢を重ね、リスクヘッジした気になって安心するのが「貯金型思考」だった。ここからは、今の自分を豊かにするための、「投資型思考」についてさらに考えたい。

「投資型思考」の人間が大切にするべきは、「コスパ」だ。時間対効果、費用対効果がよくなければ、それは「投資」にはなり得ない。

たとえば、手持ちのお金が1万円しかないとする。この1万円は大切にとっておいて、これから毎月、3万円ずつ貯金していこう。これが「貯金型思考」だ。

一方、「投資型思考」の人は、こう考える。

手持ちの1万円を、「何に使えば」、今すぐに100万円にできるか？

ここで「戦略の視点」が持ち込まれる。すなわち、判断基準をつくって投資する先を絞り、そこから選択するということ。投資する価値があると思えるところに資本を集中投下し、他は無視。そんな潔さが求められる。重要なのはコツコツと貯金を続けるようなマメさではなく、知恵なのである。

試しに考えてみよう。あなたが1万円で買ったりんごの木が、100個のおいしい実をつけた。さて、このりんごをどう売れば、当初の買い物の価値を最大化できるだろうか？

一つ200円で売ったらどうなるか。売り上げは2万円。初めに1万円を投じたから、利益は1万円だ。毎年これが続けば、りんごの木の購入はれっきとした「投資」となるだろう。

もちろん、これにはさらに条件を加えなければならない。

実際は、収穫の手間、農薬代、維持費がかかる。時間対効果、費用対効果を考えれば、1個200円で売っているだけではさしたるリターンには繋がらないのだ。

では、このりんごの価値をもっと高めるために、あなたには何ができるだろうか。

大抵の人は、ここでこう考えてしまう。

「よりおいしいりんごを作って、もっといい値段がつけられるように頑張ろう」

これが間違いだというわけではない。ただしこのルートを進むと、待っているのは苛烈な「味の改良競争」社会だ。あらゆる農家が切磋琢磨している中、新参者のあなたが頭一つ飛び抜けるまでには、相当なコストがかかるだろう。

ここで投資的な発想のできる人なら、こんなことを考えるかもしれない。

「このりんごをアイドルに収穫させ、手描きのメッセージなどを添えてもらえば、多少値段を上げても売れるから儲けは倍増するだろう」
「おいしいりんご」は世の中にたくさんあるが、「アイドルの○○ちゃんが収穫したりんご」はここにしかない。しかも、そのために必要な手間といえば、アイドルをそこに呼んで収穫を手伝ってもらうことくらいだ。ファンも喜ぶし、彼女にとっても自己PRの場になって立派なタイアップだ。

この違いがわかるだろうか。

どちらも、りんごの希少価値の高さを追求していることに変わりはない。ただし、資本を投じる先が、前者はりんごの「美味しさ」であるのに対し、後者はりんごの「付加価値」である。

「みんなが食べたがるのはおいしいりんごだから、品種改良に精を出す」
「品質とは違うひと工夫を加え、『圧倒的にレアなりんご』にする」
コストパフォーマンスが高いのは、断然後者だ。「みんながやっている努力」をやってもいきなり突き抜けるのは難しいが、「誰もやっていなかった」領域なら、一足飛びで大きなリターンが生まれる確率は高い。

実は、この手の発想で話題になったりんご農家が実際に青森にある。

その農家は、ある年大型台風の直撃を受けた。まだ木になっていた実の大部分が地面に落下。売り物になるりんごはごくわずかだった。このままでは、売り上げは例年にははるか遠く及ばない。

しかし、農家はそこで逆転の発想をした。台風に耐えたりんごを「落ちなかった＝試験に落ちない」に引っかけて、願掛けアイテムとして売ったのだ。反響は上々で、全国から注文が殺到し、高値で売れたという。僕はこの手の〝験担《げんかつ》ぎ〟には興味がないが、少しでも気分良く受験したいという若者やその親にとっては、いい買い物になったはずだ。

自己投資と称して、英会話教室に通ったり、ＩＴの資格を取ったり、著名人のセミナーに通ったりするのは「頑張っておいしいりんごを作る」のと同じ努力である。

単なる「英語が堪能な人」「ＩＴの資格を持っている人」を目指したところで、似たような人間は山ほどいる。

「頑張る自分が好き」ならそれでもいい。しかし、本当に希少価値の高い人材を目指すのであれば、その戦法は通用しない。あなたが愚直に頑張っている間に、賢い人は、語学や資格を凌駕する希少価値を手早く掴み取り、先に行ってしまう。

使うべきは、時間でも労力でもない。お金ですらない。「頭」なのだ。

三つの「タグ」でレア人材になろう

「貯金型思考」を重んじる人たちが気にするのは「貯蓄額」だ。いざという時に引き出せる金額が銀行や郵便局にどれだけあるか——それによって人生の安全性や幸福度が決まると考える。

だが、「投資型思考」の人間が気にするのは、そこではない。

自分の「時価総額」である。

「いざという時」ではなく、「今この瞬間」、自分にどれだけの価値があるのか。それを考えるのが「投資型思考」だ。

あなたは、自分の時価総額が今パッと計算できるだろうか？　考えたこともなかった、という人は一度考えてみるといい。年収を、年間総労働時間で割ればいいのだ。

教育改革活動で有名な藤原和博さんは、「自分の年間総労働時間を把握しているビジネスパーソンは少ない」と仰っている。つまりそれだけ、自分の1時間あたり付加価値に対して鈍感な人が多いということなのだろう。

年収400万〜600万円の会社員であれば、時価総額は大体2000〜5000円程度だ。つまり、この辺りが平均的な労働者の時価総額である。

これを上げていくにはどうしたらいいか。

簡単だ。より「レア」な人材になればいいのである。代わりがいくらでもいるポジションではなく、「多少のお金を積んでも、この人でなければ困る」と思わせる地位を得れば、あなたの時価総額はたちどころに上がっていく。

たとえば、こんな二人を考えてみよう。

一人は、自動車免許を持っている、早大卒の商社マン。

もう一人は、ムエタイの達人で、歌手活動もしている女子高生。

あなたは、どちらに価値を感じるだろうか。

まず、前者のような会社員はどこにでもいる。しかし、後者のような高校生を探そうと思ったら骨が折れるに違いない。つまり、後者の方がより〝レアキャラ〟なのだ。

では、そのレアさ、つまり希少性は何によって作られているのか？

それは、彼らの付加価値を示す要素、言わば〝タグ〟である。

ただの「女子高生」なら巷にあふれている。「歌手活動をしている女子高生」もそれなりにいる。ここに「ムエタイ」というタグが加わると、彼女のレア度は一気に上がる。

このことからわかるのは、希少性は「要素タグの掛け合わせ」によって生み出せる、ということだ。

藤原さんは、「100万分の1のレア人材になろう」というお話をよくされる。

100万分の1なんてオリンピックの金メダリスト級の確率だ。普通に暮らしていても到達できっこない。

だが、「100分の1」だったらどうだろう？　なんとか頑張れば100人の中で1番になるのはできる気がする。あとは、まったく違う二つの分野でそれぞれ「100分の1」を目指せばいい。そうすれば、合計3分野を掛け合わせて「100分の1×100分の1×100分の1」で、「100万分の1」の人材になれるというわけだ。

僕も、藤原さんのこの考え方におおむね賛成だ。美容師として「100万分の1」を目指すより、要素の掛け合わせで「レア美容師」になる方が効率がいい。

では、「100分の1」のスキル自体は、どうやって手に入れればいいか。藤原さんは、ジャーナリストのマルコム・グラッドウェルが著書で提示した『1万時間の法則』に従って、「一つのスキルの習得には1万時間かかる。それを3回繰り返せばいい」と仰っている。

これについては、僕の見解は異なる。揃えるタグは、別に「スキル」でなくてもいい。つまり、三つすべてに１万時間をかける必要はないと考えている。

わかりやすい例を挙げよう。

僕も対談したことのある、お笑いタレントの厚切りジェイソン氏。日本の漢字や文化、ことわざなどを外国人視点で皮肉るネタは、あなたも見覚えがあるだろう。

ご存じのように、彼はミシガン州出身の在日アメリカ人である。そして、芸能事務所に所属するお笑いタレントでありながら、ＩＴベンチャー企業の会社役員という顔も持つ。「在日外国人」「ＩＴ企業役員」「お笑いタレント」。まさに「三つのタグ」を備えた人物だ。

では、これらのタグそれぞれに１万時間がかけられているのか？　そうではない。

彼が事務所所属のお笑いタレントになったのは２０１４年９月。デビューするや否や、翌年の「Ｒ－１ぐらんぷり２０１５」でファイナリストに進出した。この時点で、彼の芸歴はたったの４ヶ月である。これは「Ｒ－１ぐらんぷり」史上最短記録だという。

彼がタレントとしてウケた理由の一つは、当然ながら「在日外国人」という点だ。彼と同じネタを、日本人のベンチャー企業社員が披露したところでウケはしない。「在日外国人」のタグなら来日した瞬間に得られるし、「お笑いタレントなのに会社役員でもある」という設定も、彼が外国人だからこそ余計に特異なものに感じられる。まさに「１００万分の１」

の希少な人材なのだ。

もう一人、椎木里佳さんという起業家のことも取りあげたい。彼女も、「1万時間の法則」に従うことなく、いきなり強力なタグを三つひっさげてメディア界に躍り出てきた人物だ。

そのタグとは「起業」「女子高生」「社長二世」である。

彼女が起業したのは中学生のとき。本格的に活動を始めたのは高校生になってからで、その後の3年間は「現役女子高校生社長」として随分話題になった。

さらに彼女の父親も、『秘密結社鷹の爪』の制作で知られる株式会社DLE（ディー・エル・イー）の代表取締役なのだ。親子二代で会社経営、娘は女子高生社長。この強烈さには、「東大生起業家」などでは太刀打ちできない。

こんな言い方はなんだが、その辺の人に「椎木里佳さんって何してる人か知ってる?」と聞いて回っても、みんな首をひねるだろう。彼女が実際にどんな事業を行っているかは、一般にはほとんど知られていない。それでも、「現役女子高生社長」と聞くと、彼女の印象は強く残る。それは、まさに「タグの威力」によるものだ。

この二人に共通するのは、「各タグの取得のために1万時間かけていない」という点である。「1万時間」を三つ揃えるのも、もちろん方法としてはありかもしれない。だが、組み合わせ次第では、それらを完全に飛ばして、いきなり１００万分の１の人材になることもできるのだ。僕としては、そちらを狙うことをお勧めしたい。

さて、彼らを取り上げたことについて、こんな反発を感じた人もいるかもしれない。

「お笑いタレントだの、二世だの、そんなのは『誰が一番面白い肩書きをつけられるか』の大喜利大会でしかないじゃないか。変わった組み合わせさえつけられればそれでいいのか⁉」

この反論には「そうだ」と即レスする。面白ければ、ユニークであればいい。

僕がそう言い切れるのは、手軽に「レア人材」になった人たちが、そのことを踏み台に、着実に次のステージに進むのを見てきたからだ。

みんな、もっとインスタントに「唯一無二」の存在になって、そのメリットを利用しつくして次へ進めばいいじゃないか。僕は本気でそう思っている。

たとえば著名人の養子になってしまえば、それだけであなたは「○○二世」を名乗れる。あり得ない話ではない。そうやって出馬した政治家は何人もいるし、歌舞伎の世界だって、養子制度によって「一門」の存続が図られている。大物芸能人の恋人になれば、「○○の恋人」としてマスコミに注目してもらうことも可能だろう。これだって立派な「100分の1」のタグである。

もちろん、政治家や歌舞伎役者の〝イス〟は少ない。これは誰もがわかる例として便利なので触れただけで、手っ取り早いのは、好きなものを突き詰めて「コンビニアイス評論家」のようなオリジナルな肩書きを名乗ってしまうことだ。自らタグを作れば、それだけで「100分の1」どころか「オンリーワン」になれるかもしれない。

「そんなタグ、一時的にもてはやされて終わりじゃないか」という反論もあるだろう。それでいいのだ。そのタグをつけている時にだけ得られるものや、利用できる機会がある。それをしゃぶり尽くし、自分のやりたいことに徹底して取り組めばいい。そうすれば、一つのタグの効力が衰えても、また次の何かがやってくる。

大切なのは、思考を柔らかくし、あらゆる可能性を想像してみることだ。

アイデアを膨らませれば膨らませるほど、世界は何でもありだということが見えてくる。何年も勉強しなければ、特別な家柄に生まれなければ得られない、と思い込んでいた肩書きでさえ、意外とあっさり手に入ることに気づくはずだ。その自由な視点こそが、投資的な行動のためにもっとも必要なのである。

過去を再利用しない

三つのタグをつけよう。

この言葉を見て、すぐさま「これまでの資格や学歴を活かして何かできないか」と考えた人は、一度立ち止まって考えてもらいたい。今思いついたそのタグは、自分の今の「やりたいこと」に合致するものだろうか？

自分が今までの努力で得てきたものを、なんとか未来にも活かしたい。そこに費やしてきた時間を無駄にしたくない。そういった未練とは潔く手を切ってほしいのである。あくまでも、「今」あなたが何をしたいのかが出発点だからだ。

メルマガに寄せられる定番の質問に、こういったものがある。

「私は会計士の資格を持っています。とりあえずこの資格を活かせることをやろうと思うのですが、何かいいアイデアはないでしょうか」

自分は会計士だ。だから会計士の資格を活かせることをやる。

真っ当な発想に見えるかもしれないが、実はまったくなっていない。なぜならここには、本人の「これがやりたい」という動機が一切ないからだ。順序は常に「好き」「やりたい」

という動機が先でなければならない。

この相談者の「やりたいこと」に、会計士資格が活かせるのであればもちろんそれでもいい。しかし、「とりあえず」を理由に何かを始めても、同じことを「やりたくて」やっている人には絶対勝てない。「大好きだからやりたい」と「特別やりたいとは思っていない」の間にある壁は想像以上に高いのだ。

そのことを解説するために、もう一つ、実際にされた質問を紹介しよう。

「土地を持っています。巨大施設は作れなさそうな狭さなので、ラグジュアリーなホテルをここに建てようと思うのですが、周りには強豪となりそうな宿泊施設も多いです。堀江さんならどのような方法で差別化を図りますか?」

土地がある。狭さから見てこういったことにしか使えない。どうすればそこで勝ち上がれるだろうか。

この質問は「ホリエモンチャンネル」でも取り上げ、「順序が逆だ」と指摘した。土地があるからホテルを作るのではなく、「ホテルを作りたいから土地を探す」のが本来の順番だ。ラグジュアリーなホテルを作り、人を楽しませたいと考えている人はいくらでもいる。その中の「本気」な人たちは、必ずこう考えているだろう。

「こんな雰囲気の、素敵なホテルをつくりたい。ロケーションはこうがいい。だから、日本のこのあたりで、こういった土地を探そう！」

手持ちのものをうまく使うことだけを考えている人と、「これを作りたい」というビジョンがはっきりしている人。

どちらの方がパフォーマンス高く理想を実現できるだろうか。そして何より、どちらの方が、お客にとって理想的な空間になるだろうか？　比べるまでもなく、後者である。

つまり、自分のやってきたことや、すでに持っているものから「やること」を決めてはいけないのだ。

質問者に対して、僕は「土地なんてさっさと売ればいい」とアドバイスした。持っているから、「有効活用しなければ」という強迫観念にとらわれるのだ。だったら手放して、本当に土地が必要になったらまた買えばいい。作りたいという意欲の湧き上がらないものを無理に作れば、「やりたいこと」を本気で追求している同業他社に負けるのは一目瞭然だ。

タグに関しても、まったく同じことが言える。

もしかしたら、「一見使えそうな」スキルや経験があなたにはあるかもしれない。でも、「これを素材として活かす事業でなきゃダメだ」と思っているのなら、むしろ捨てた方がいい。それは、あなたの本当の「やりたい」を妨げる持ち物だからだ。

投資には、「損切り」という概念がある。含み損が生じている商品を早めに手放し、損失を最小限に抑える手法だ。自己投資においては、過去はどんどん損切りの対象にしていってかまわない。

「過去を活かす」のは一見、「経験を無駄にしない」ことのように思える。

でも、それは錯覚だ。過去は、ただの過ぎ去った時間でしかない。「再利用できる資源」ではないのだから、それを無理に活かす必要はない。過去を元手に決断すれば、その時点であなたの可能性は100分の1、1000分の1に縮まってしまうだろう。

時価総額の低いタグは無視しろ

タグにも価値の上下動があり、時代の影響も受ける。

つまり、「昔はこのタグに価値があったが今はない」「今はこのタグが強いけど、将来はどうかわからない」ということが当然あり得る。投資的に考えるのであればもちろん、時価総額の低いところにやたらと資本を投下するべきではない。

近年、特に価値の下落が著しいのは、「国家の承認によって権威づけられていたタグ」だ。

つまり、学歴や国家資格である。

わかりやすいところで挙げると、弁護士資格がそうだ。20～30年前までは、弁護士といえば希少価値の高い、エリートの職業だった。だが今は違う。２０００年代半ばから全国にロー・スクールが乱立すると、合格者が激増し、むしろ余るようになってしまった。一人では仕事が取れず、他所の弁護士事務所に籍だけ置かせてもらっているような弁護士も珍しくない。

弁護士とともに、三大国家資格の一つに数えられる不動産鑑定士だってそうだ。戦後の住宅ブームの頃ならいざしらず、今となっては「食えない」資格として名高い。

学歴にも同じことが言える。

たとえば、僕もかつてはぶら下げていた「東大生ブランド」。いまだに「やっぱり大学に行くなら東大でしょうか」などと聞いてくる人がいるが、僕にはまったく理解できない。もちろん僕の答えは、「大学なんて全部無意味！」だ。

あなたが誰かに、「将来が不安だから、漢検３級の試験を受けようと思う」とか「これからの時代、やっぱりアマチュア無線第四級くらいは持っていないとね！」などと言われたら、「何を言っているんだ」と思うだろう。僕の困惑はそれに近い。

僕が10代だった頃、「東大生ブランド」の価値はそれなりに高かった。つまり、コスパが良かったのだ。頭の固い両親も「東大に入るなら」と上京を許してくれたし、ヒッチハイクをしても「東大生なら信用できる」と車に乗せてもらえた。起業した時も、「現役東大生が起業！」とマスコミにもてはやされた。

では、今はどうだろう？

「東大生」なんて、もはや珍しくもなんともない。珍しかったのは、大学進学率が1〜2割しかなかったような時代、あるいは東大生が民間（特にベンチャー）に少なかった時代の話だ。今や東大からベンチャーに進む人間なんて山ほどいるし、ネットの登場以降、東大生レベルの知識を得るのはもはや簡単だ。上京したければ誰だってすぐにできる。東大生起業家よりも、女子高生起業家の方がずっとメディア映えもする。

「東大生ブランド固有のメリット」は消滅したのだ。だったら、勉強が苦手な人がわざわざ東大を目指したところでコスパが悪すぎる。変に学歴をつけるくらいだったら、みんなが知らないマニアックな遊びの達人になる方がずっと面白いし、付加価値も高くなるだろう。

よく言うことだが、今僕が15歳だったら、高校にも大学にも行かない。インターネットを使って勉強し、友達を作り、さっさと起業したはずだ。

なぜみんながそうしないのかと言えば、ただただ「上の世代が押し付けてくる常識を鵜呑みにしているから」でしかない。

「これからの時代、大卒の学歴を持っていなければ社会で通用しない」

「教員免許を持っていれば、とりあえずつぶしがきく」

こんなことを言う年長者は今でもいるが、年寄りの話に一喜一憂しても無意味である。現状をその目で直視すれば、タグの価値の判断はあなたにも必ずできるはずだ。

学歴も職業も出自も資格も、すべては取り外し可能なタグにすぎない。どこにでも転がっているタグのことは、潔く無視してしまえばいいのである。

「手抜き」で「やりたいこと」の時間を作れ！

頭を使って、少ないコストからより大きなリターンを得ようとする。

こうした投資的発想に、「手抜きだ」「ずるい」という印象を持つ人も多いようだ。「タグづけ」によって手軽に自分の価値を高めることに対しても、同じように思う人がいるかもしれない。

僕は、そうした批判に対してはいつも「手抜きだから何なの？」と返す。

そもそも、「手抜き」には2種類ある。

一つは、「手を抜いて、頭も使わない」タイプ。

これは単なる怠けである。仕事でこの手抜きをすれば、何の成果も出せない。上司がいれば見捨てられるだろうし、一人で仕事をしている人ならやがて発注が途絶えるだろう。

そしてもう一つは、「他のもっと有益なことに手や頭を使うため」にショートカットするタイプだ。

たとえば、膨大なデータの精査やリスト化をコンピュータに任せ、自分はその結果を分析することに注力する。あるいは、その作業すらＡＩに任せる。もっと身近な話では、日常生活でコストとなる家事を専門業者に頼み、その時間を使って自分のしたい仕事をする。

これは、怠けとは根本的に違う。浮いた時間は、自分の本当にやりたいことに使えるのだから。自分をさらに成長させるための積極的な「手抜き」だと言える。

僕は昔から、時間や労力の無駄遣いが大嫌いだった。それにかかわっている間に、僕にはやりたいことがいくらでもある。時間は有限、一日はたったの24時間しかない。だから、物事の効率化にはいつも頭を使ってきたし、お金も一切惜しまない。一つの目的を達成するためのアクションをどれだけスリムなものにできるか、それを常に考えている。

だから僕は、うまくショートカットしている人を見たときに「ずるい」などと批判する気にはならない。むしろ、「うまいなあ！」と称賛したくなる。ショートカットできるのは、知恵を持っていて、自分の時間を大切にしている証拠なのである。

三つのタグづけは、もちろん完全なるショートカットだ。

大学を卒業し、企業に就職し、そこから更に何万時間もかけて自分のポジションを高めていく……そんなことをしなくても、自分の「好き」「やりたい」につながるタグを三つ用意できれば、「やりたいことをやりながら自分の価値を高めていく人生」が簡単に手に入るのだ。だったら素直にそちらを選べばいい。

僕が問題視するのは、こうした考え方に反発する人たちの、「時間をかけ、苦労や我慢を重ねて得るものの方が、短い時間で手に入れるものよりも価値が高いはずだ」という、根拠のない思い込み――つまり思考停止である。

たとえば僕は昔、「寿司職人が何年も修業するのはバカ」とツイッターで発言し、炎上したことがあった。寿司を握る技術自体は、集中的に学べば数ヶ月で習得できる。修業の目的は「おいしい寿司を握ること」のはずなのに、「長年の修業」自体が目的化され、神聖視されているのはおかしい、という趣旨だった。

僕の元には、「職人をバカにするな」「10年修業しないと身につかないセンスがある」などという批判的意見が殺到した。

だがその後、僕の意見の正しさはしっかりと証明された。調理師学校「飲食人大学」で「寿司マイスター専科」を3ヶ月受講しただけの寿司職人の店「鮨 千陽《ちはる》」が、ミシュランに掲載されたのである。

彼らがそこで「いや、寿司屋をやるなら10年修業しないとダメなんだ」と思い込み、独立の前に下積みを選んでいたら、彼らの技量が評価されるのは何年先になっていたかわからない。

僕は、「10年の修業」にこだわって思考停止する人たちよりも、彼らのように本来の目的を見失わず、質の高い努力で素早く世に出ていく人を応援したい。そして、あなたにもできたら後者であってほしいと願っている。

時間や労力の無駄遣いをしないというのは、自己投資の基本だ。金の無駄遣いはいくらでも取り返せるが、時間の無駄遣いは取り返せない。命は有限だ。

手を抜くと決めたら、頭を使って徹底的に抜く。それは、あなたの人生を守ることと同義なのだ。

未来を予測するな

最後に、投資型の生き方をする上でのタブーについて述べたい。それは、「確実な未来予測」を探し求めることだ。

投資的な思考が下手な人間には、共通点がある。彼らは、やたらと「確実な予測」を欲しがるのだ。しかも、自分では一切考えず、誰かの言葉に頼る。たとえばこんな風に。

「この件について、堀江さんは今後どうなると予測していますか？」

いつものことなのだが、何度聞かれても呆れてしまう。

僕は予言者じゃない。未来予知なんてできない。自分なりにベストを尽くして生きているだけだ。「明日株価が上がるのか、下がるのかわかりますか」といった質問をされたところで、「わからない」としか言えないに決まっている。

特に僕がよく聞かれるのが、「いつか来る」ことは予想されている現象が具体的に「どの時点で来るのか」についてだ。中国経済はいつ破綻するのか、自動運転はいつから普及し始めるのか、大企業の○○はそろそろ危ないんじゃないのか……。

すべて答えは「知らない」だ。

彼らがそれを聞きたがる理由はわかる。損をしたくない。何かがキャズム（事業の失敗と成功を隔てる溝）を超える瞬間をとらえて大儲けしたい――ありもしない「確実な予想」のもと、勝ち抜けたいのである。

彼らから見ると、僕は「特別な情報網」を持っていて、この先に起こることもかなりの精度で予測できる人間なのだろう。

残念ながら、思い違いだ。僕のやっていることは、世間一般の人がやっていることと何も変わらない。ニューズピックスなどのニュースアプリの更新を眺めたり、ツイッターでいろんな人のつぶやきを見たりしているだけだ。メルマガにも散々載せてきたが、僕がスマホに入れているアプリはどれも平凡なものである。

僕は決して、「特別な」情報や、「確実な」予測を元に動いているわけではないのだ。僕の行動のきっかけになるのは、普段の生活の中で得たちょっとした発見や、「これ、いいじゃん」という単純な関心なのである。

わかりやすいから、実際の投資のエピソードを紹介しよう。

僕はドワンゴの株でかなり儲けたことがある。その経緯は単純だ。当時すべり出したばかりだった動画サービス、ニコニコ動画がとても面白かったのである。

「なんだこれ、すごいな」。そんな素朴な関心で株を買ったら、その後でニコニコ動画の人気が爆発的に高まり、株価も一気に上がった。それだけだ。僕だけが知るインサイダー情報があったわけではない。

こうした〝成功譚〟を耳にして、「どうやったら、そんな確実な手が打てますか」と尋ねられても困るのだ。僕は、自分の興味関心の赴くまま、「いいじゃん」と思うものに反応しているだけであって、「こういうやり方をするのが正解だ」などという法則に従って動いているわけではないのだから。

ただ、一つだけ言えることがある。

僕は自分の「いいじゃん」という感覚を信じている。

そして、その感覚に沿った自分の価値判断にも常に責任を持ち続けてきた。その結果がどうであれ、決して誰かのせいにしたりはしない。僕の判断を磨いてきたものがあるとすれば、その繰り返しではないかと思う。

投資は「先読み」が大切だと言われる。だが、それは闇雲に未来を予測することとは違う。「この先何が起きるのか」「社会はこれからどんな困難に突き当たるのか」「その場合、自分はどういうポジションに立っていれば得をするのか」。こうしたことを予測し続けることに意味はない。「予想外の出来事」は、予想できないから予想外なのだ。

では、あなたが読むべき対象は何か。

「自分」だ。自分が求めているものは何か、やりたいことは何か。今この瞬間、どんな生き方ができたら幸せなのかを真剣に考え抜くのである。それが、あなたが何に資本を投じるのかを決める原動力となる。そして、没頭する力を解放し、その価値を最大化させるブースターとなるだろう。

自分の「これが好きだ」「これがしたい」という感覚を信じ、それに従って下した判断を誰のせいにもせず生きる。そして、価値のゆらぎを恐れてはならない。むしろ変化するのは正常だ。毎日、瞬間ごとに自分の判断を更新していくべきなのだ。

その覚悟があれば、未来予測など不要だ。あなたは、「今」の自分を信じればいいのである。

第5章　会社はいますぐ辞められる

会社もまた、洗脳機関である

ここまで、「学校」という存在がいかに人々の心を縛り、人々の可能性を殺し、人々にくだらない常識を押し付けているかを見てきた。学校とは巨大な洗脳機関である、という僕の主張が、それほど大げさな話でないことは理解してもらえただろう。

もし、あなたが今、中学生や高校生ならラッキーだ。毎日顔を合わせる教師たちのウソを見抜き、学校で押し付けられる常識の無意味さに気づき、くだらない洗脳を無視して自分の道を歩み始めるきっかけになるだろう。

一方、問題は大人たちである。いくら僕が「学校はいらない」と主張してみても、もう大人たちは学校を卒業している。学校による洗脳が、(人によっては)骨の髄まで染みわたっている。学校を辞めることすらできないのが、大人たちなのだ。

そうした大人たちが洗脳から抜け出すにはどうすればいいのか。

答えは一つしかない。学校と直結した洗脳機関である、「会社」との関係性を考え直すことだ。

既に語ってきたように、今ある会社の多くは、戦前の「工場」的な考え方や習慣を色濃く引き継いでいる。国家繁栄のために重労働をこなし、子どもを増やし、他国との戦いに備えるような時代は終わったというのに、「こうあらねばならない」という規範だけはいつまでもアップデートされない。各種労働法だって、工場労働者を対象としてつくられたものだ。

会社もあなたを「教育」する。仕事のスキルそのものではなく、「世の中の常識」や「社会人の常識」、さらには「うちの会社の常識」をこれでもかと刷り込んでくる。

そして多くの人々は、その教育をすんなりと受け入れてしまう。会社が押し付けてくる規範が、学校で馴染んできたそれとほとんど同じだからである。

春の一斉入学とまったく変わらない、春の新卒一括採用。入社すれば、学ラン・セーラー服の代わりに、スーツとネクタイが「制服」として指定される。

遅刻早退は厳禁で、業務中にはどんなに暇であっても「仕事をしている風」を装わなければならない。教師が教壇から教室を見渡していたように、オフィスでは管理職が全体を見渡せる位置から睨みをきかせている。

修学旅行、体育祭、文化祭などの行事と同じように、慰安旅行だの、忘年会・新年会だの、避けられないイベントも目白押しだ。

こうした習慣については、無意味だと思っている人がほとんどだろう。

しかし、子どもの頃に「学校を辞める」という選択肢を思い浮かべることができなかったように、多くの人は「会社を辞める」という選択をしない。会社に縛られ、嫌な出来事や業務を作り笑いでやりすごすことを日常としている。

いくら学校の無意味さを知っていても、会社という、ほぼ相似形の洗脳機関に囚われていたら意味がない。学校の正体を知り、人生に必要な本当の学びの形を知った今なら、あなたは会社という幻想からも抜け出せるはずだ。本章で、「脱洗脳」の最後の仕上げをしていこう。

会社の評価軸は、「仕事」ではない

日本の会社には、驚くほどたくさんの「学校制度」が残っている。それはつまり、「軍隊制度」だと言っても過言ではない。会社のために過労死したビジネスパーソンたちは、国のために死ぬ兵士と同じマインドを刷り込まれているのである。

大袈裟だと思うなら、いわゆる「モーレツ社員」を思い出してほしい。

制服（スーツとネクタイ）を着せ、研修で社訓を暗唱させ、マニュアル通りの言葉遣いをさせ、実績や実力に関係なく年功序列の中でひたすら叩き上げていく。組織の〝下っ端〟たちは、「あと数年我慢すれば自分も威張れる側に回れる」と考え、上からの圧力を耐え忍ぶ。どれもこれもが軍隊じみていて、僕から見るとおぞましいことこの上ない。

もちろん、週休３日制度を取り入れたヤフーや、６時間労働制を取り入れたスタートトゥデイなど、革新的な取り組みを厭わない企業があるのも事実。

だが、メディアでよく取り上げられるこれら先進的な企業など、日本に存在する数多の会社のうち、ほんの一握りにすぎない。日本の企業数は４００万社以上にのぼり、そこから個人事業主とペーパーカンパニーを差し引いても約１７０万社が残る。そのほとんどは、パワハラやセクハラだらけの、非合理的で旧態依然とした組織のままだ。

特に中小企業だと、社会の進歩についていけていない、昭和で時が止まっているような会社がいくらでもある。今でも連絡手段にＦＡＸを使っていたり、社長より後に出勤してはいけなかったり、お茶汲みや掃除が当たり前のように女性社員の仕事とされていたり。そんな話は、地方出身者にとってはお馴染みのはずだ。

なぜ日本の企業はいつまでも古い体質から変わらないのか。答えはシンプルだ。トップダウンのいわゆる軍隊型マネジメントは簡単であり、学校教育で洗脳された日本人にとっては馴染みやすいのだ。マネジメントする側にとっても、される側にとっても、軍隊モデルに従えば、それ以上考えなくてすむためラクなのである。

ただしこうした古い体質の企業は、社員の評価基準が、仕事のスキルや成果ではなく、「どれだけ組織に従順か」になってしまうという大きな問題を抱えている。

貯蓄と勤労に励むのが「よき国民」であったように、企業内秩序を守り、常に上官の命令に従えるのが「よき労働者」だ。そして、それに反する人間は、どれだけ仕事ができてもただの反逆者ということになってしまう。

僕はライブドア経営時代から、こうした古臭い会社的価値観には完全に反対だった。だから新卒一括採用など絶対にしなかったし、社員の評価は僕が一方的に下すのではなく、社員同士でも行えるようにした（３６０度評価システム）。技術者を優遇し、年齢にかかわらずそのスキルの高さに対して報酬を払うことを徹底した。

このやり方は特に技術者に好評で、他企業から技術者がライブドアに移ってくるということが頻繁に起きた。それだけ世間一般の企業では、スキルではなく、年齢や学歴、職歴などといった「今、その人に何ができるのか」以外の部分が評価対象になることが多かったのだろう。

会社とは、人が仕事をするために存在する組織のはずだ。そして社員は、そこで何を生み出し、何を世に送り出せるかで評価されるべきだと思っている。しかし、軍隊式の組織では、「仕事で評価する」という考え方自体がない。もはや会社の目的が、「仕事」ではなく「秩序」の維持になってしまっている。

多くの人たちが「月曜日が憂鬱だ」「宝くじがあたったら会社をやめたい」などと言うのは、その人たちが会社で行っているのが、秩序のための労働であり、軍隊の行進練習のようなものだからだろう。面白くもなんともなくて当然だ。

つまり、会社に行きたくないあなたは、働きたくないのではなく、単に退屈しているのである。そこがあなたを「働かせてくれる」会社でないのなら、反逆者になることを恐れず脱出しよう。いくら〝軍隊風〟でも、会社は本当の軍隊ではない。あなたが処罰を受けることはないのだ。

「辞められるわけがない」は嘘だ

会社なんて気軽に辞めればいい。

これだけは、何度でも繰り返し主張していきたいと思っている。なぜなら、これができなくて精神を病んだり、自殺をはかったりするビジネスパーソンがあまりにも多いからだ。何度言っても言いすぎることはないだろう。

厚生労働省の統計データを見ると、２０１２年から２０１６年の間に、29歳以下のグループにおいて、仕事が原因の自殺が45％も増加している。また、精神障害の労災請求件数も、２０１５年３月末の時点で過去最高を記録しているという。

僕も、「自殺したいくらい仕事が苦しい」と言う人と話したことが何度もある。彼らは大抵の場合、「勤め先がブラック企業で、めちゃくちゃ働かされている」「パワハラで人格を否定されている」などといったエピソードを口にする。

だが、僕が「そんな仕事すぐに辞めなよ」と言うと、「辞めたら次の職が見つからないかもしれない」「人手不足だから自分が辞めたらまわりが迷惑する」などと言って首を横に振る。危ない兆候だ。こうした「辞められない理由探し」に走っている状態の人は、だいたい心の健康をすでに害している。

なぜそれほどまでに我慢してしまうのか。理由ははっきりしている。親から、学校から、そして社会全体からの、絶え間ない「脅迫」のせいだ。

彼らは口を揃えて、「会社を（学校を）辞めたら大変なことになる」と人を脅す。「学校に行けなくなったら、もうまっとうな仕事には就けない」とか、「一つの会社に居続ければ昇進の可能性があるけど、転職したらそれがフイになる」などと言ってはなんとかその組織にしがみつかせようとする。不安を煽る脅迫型の説得は、新興宗教やマルチビジネスでもよく使われる、心理操作の常套手段だ。

しかし、落ち着いて考えればわかることだが、一つの組織から抜けたくらいで「大変なこと」なんて起きない。僕は東大を中退しているが、大変な目になんて一切遭わなかった。会社を辞めて転職したり、独立したりといった経験を持っている人だって大勢いる。「大変なことになる」というのは、ただのデマなのである。

合わない組織に身を置き続けて健康を害するくらいなら、無職になって出直すほうがよほど将来性は高いだろう。「次の仕事がなかったら」なんて大した問題ではない。社会での居場所なんて、作りたければいくらでも作れる。

たしかに一昔前は、会社に所属していないと、安定した報酬を得たり、そのためのスキルを身につけたりするのは難しかった。会社勤めも、実家の小商いを継ぐのも嫌だと言うのなら、映画『男はつらいよ』の寅さんのように、路上でモノを売りさばく商売でもやるしかなかった。

なぜかといえば、インターネットが登場する以前は、「会社」の向こうにしか市場がなかったからだ。「会社」を通じてしかお金は手に入らなかったし、モノの売買にも限界があった。しかし今、インターネットの登場によって、市場はすべての人の前に開かれている。21世紀の寅さんは、トランクをぶら下げて日本中を回らずとも、自宅にいながら世界中の人たちを相手に商売ができるのである。

だから、会社なんてさっさと辞めてしまえばいい。その会社をよほど好きならともかく、少しでも不平不満があるなら迷わず辞めるべきだ。学校を転入・編入するのに比べたら転職なんてずっと簡単だし、自分で事業を起こすことだってそんなに難しくない。

たとえばこんな事例がある。

フェイスブックCEOのマーク・ザッカーバーグと同じ1984年生まれのソフィア・アモルーソは、学歴もなく、アルバイトや盗みでその日暮らしをするような不良少女だった。しかし22歳のとき、オークションサイト「イーベイ（eBay）」で古着の出品を始め、その延長で自分のECサイト「ナスティ・ギャル（Nasty Gal）」を立ち上げる。そして8年後には、そのサイトがなんと、年商1億ドルを超える大人気インターネットショップに成長するのである。インターネット時代の自由度、スピード感をよく表した成功例だ。

これだけ簡単に、個人が仕事を始められる時代である。是が非でも会社という組織に属さなければならない、などという理由はない。

たとえ今住んでいる家の家賃が払えなくなったって、シェアハウスに住むことだってできるし、短期間なら泊めてくれる友達だっているだろう。実家があるなら利用すればいいし、住み込みで働ける場所を探したっていい。とりあえず食いつなぐ仕事が必要なら、コンビニでもスーパーでも常にスタッフを募集している。本当にどうにもならなくなったら生活保護だってある。考え方も、手段もいくらでもあるのだ。

「できるわけがない」という言葉は、「変化したくない」や「このままでいたい」の言い訳でしかない。しかし、本当に今のその会社で、苦しい働き方をしながら「このまま」でいいのか。よく考えれば、答えはすぐに出てくるはずだ。

ゆるいつながりが社会を回していく

そもそも僕は、２０１６年に『99％の会社はいらない』という本を出した人間だ。会社を辞めてもいいどころか、ほぼすべての会社はなくなっていいと思っている。

おそらく今後、かつて絶対に不可欠なものとされてきた共同体の多くが解体されていくだろう。国民国家（N）しかり、会社しかり、学校しかり、さらには家庭しかりだ。

それぞれぼんやりした形は残しながら、もっとゆるやかでフレキシブルな、集合と離散を繰り返す共同体になっていくと僕は考えている。

理由は簡単だ。閉じた共同体なんて、もう時代に合っていないのだ。

僕は、こうした閉じた共同体こそがいじめの温床であり、あらゆるトラブルの元だと考えている。家だの教室だのオフィスだの、狭い閉鎖空間にいつも同じ顔ぶれが揃って日常を共有していれば、関係が歪んでくるのは当然のことだ。

昔はあらゆるものの備蓄・交換・伝達・移動のコストが高く、人が完全に一人で生きていくのは困難だった。好き嫌いを問わず、生存戦略として、無理やりにでも固定化されたコミュニティに所属するしかなかったのだ。

でも、今はその必要は全くない。会社に籍を置かなくても、帰るべき実家を持っていなくても十分安全に生きていけるし、人付き合いもできる。余計なストレスの発生しない程度の開かれた人間関係でも、お互いを助け合い、力を合わせて何かを生み出すことは十分可能だ。

実際この数年、僕はその形で事業を回してきた。具体的には、「プロジェクト」単位で別個のチームを作り、勝手に動いてもらうというスタイルだ。

やってみてわかったのは、2～3人の中核メンバーと、必要に応じて集める実働部隊がいれば、事業はしっかりと回っていくということである。おそらく、僕は今後会社というトップダウン式の大型組織を作ることはないだろう。もう、そんな形の組織で仕事を回す時代ではなくなったのだ。

僕が運営するオンラインサロンＨＩＵも、まさに新しい時代の、新しい組織の形を体現しつつある取り組みだ。

ＨＩＵの活動は、フェイスブックでのやり取りをメインに、サロン側が主催する月２回ほどのリアルなイベント、そしてサロンメンバーたちが勝手気ままに主催する無数のイベントによって成り立っている。

僕はもともと、このオンラインサロンを「学校」と「会社」の間にあるギャップを埋める存在として構想し、立ち上げている。

多くの人たちは、高校あるいは大学卒業まで、「学費を払って」組織に所属する。しかし、学校を出た途端に今度は「月給をもらって」会社に所属するようになる。

このことに疑問を抱いている人はおそらくほとんどいないだろう。しかし、僕にとっては大きな疑問だった。「お金を払っているんだから、学校が自分たちに何かを与えてくれるのは当たり前」「働いてやってるんだから、お金をもらって当たり前」。そんな、お金を介した思考停止がはびこっているように感じていたのだ。

だから僕は、逆転の発想をしたのである。「お金を払って、面白いことができそうな組織に所属する」。これなら、誰もが自分から動く。「お金を払ってるんだから、元が取れるくらいは何かをやらなければ」と思うからだ。

親に毎月10万の学費を払ってもらいながら、楽に卒業することしか考えていない大学生。あるいは、毎月20万円の給料をもらいながら、うまく仕事をサボることしか考えていない会社員。そんな人たちより、月1万円の参加費を払っているサロンメンバーの方がよほど多くのことを学び、行動している。メンバー同士の交流から、新しいビジネスだって多数生まれている。やりたいことしかやらないから、会社のように、「苦しいけど、お金のためなら」という妥協が発生することもない。

こうした事例を見ていると、「お金で従業員を雇い、お金でつなぎとめ、働いていただく」という形態の組織はやはり古いと感じざるを得ない。

「脱会社」的な考え方は、「お金のためにつながる」という固定観念からの脱却に通じている。そしてそれは、「新しいものを生み出したい」という意思をベースとした、新しい共同体づくりへのシフトでもあるのだ。

利益至上主義によって組織はカルト化する

会社という洗脳機関の恐ろしさについて、もう少し話を続けよう。

企業の目的は利益である。利益が出なければ、組織の存続はかなわず、自分たちが思い描く理想を実現することもできない。企業が金儲けに走るのは、なんら間違った話ではない。

しかし、その考え方が一旦歪んだ方向に暴走し出すと、会社はいつしか「自社の利益のためなら、法律も公共の迷惑も、人権侵害も顧みない」という一種のカルト組織になっていく。

事例は枚挙にいとまがないだろう。

たとえば2015年、東芝が2008年度から15年度までの間に合計2306億円もの利益を水増ししていたという、大規模不正会計問題が話題となった。不正には組織全体が関わっていたとみられ、歴代社長3人が引責辞任。本書を書く段階ではまだわからないが、逮捕者が出ても当然な規模の事件だ。

同じような事件が、2005年にもあった。カネボウが、やはり組織ぐるみの粉飾決算を行っていたのである。この時には、経営陣や監査法人の担当者を含め、7人もの逮捕者が出た。

経営共創基盤の代表取締役CEOの冨山和彦さんは、「東芝の不正会計は、カネボウの時と同じガバナンス粉飾である」と指摘している。上層部の「なんでもいいから利益を出せ」「今期は目標を達成していないからごまかせ」といった圧力に誰も逆らえず、不正会計が組織レベルで常習化したということだ。

法律違反だけではない。社会倫理を踏みにじるようなビジネスで利益を出しているような組織だって多い。

ゴシップ記事ばかりで構成されている、下劣な週刊誌などはその最たるものだろう。この手の雑誌は、報道することに意義のある問題についてはちっとも触れず、著名人の不倫や、不祥事を起こした人物の過去など、極めてどうでもいいことばかり取り上げる。人のプライベートの領域に土足で踏み込み、関わる人たちを傷つけてまで入手する情報がこれなのだから、本当に害悪でしかない。

吊るしあげられた人たちは、大衆の気が済むまで凶悪犯のようにネットで叩かれ、仕事をする場を奪われ、ひたすら社会的リンチを受ける。しかし報道側は、自社媒体を更に売るために、こうした騒ぎを一層煽り続けるのだ。人の下劣な好奇心を満たすためだけの仕事が、これほどまでに堂々とまかり通っているのである。

「会社のためになることをしなければいけない」「上司の機嫌を損ねたら大変なことになる」「うちの会社さえ回っていれば、それによって誰かが不幸になったってかまわない」……こうした冷静さを欠いた判断を人に下させるのも、もちろん会社の刷り込みによるものだ。

会社という単位に取り込まれ、洗脳されてしまった人たちの中では、自社利益のプライオリティが異様に高い。そのため、普通の判断力があれば絶対にやろうなどと思わない不正行為や、倫理観の欠如に対してどんどん鈍くなっていってしまう。自殺者や過労死者が出るまで社員を追い詰める空気も、すべては「自社利益が最優先」という考え方が原因だ。

国家にしろ会社にしろ、幻想で出来上がっているコミュニティのために、人が罪を犯したり、自分の健康を危うくしたりする必要はない。「会社があって、経営者がいて、その会社の利益追求に人生を捧げる忠実な従業員が大勢いる」という従来型の会社の形も、国民国家幻想とともに解体されるべきなのだ。

10歳から90歳まで働ける人生

多くの人が、自分の人生の軸を「会社勤め」だと考えている。学校を卒業する18歳から20代前半までの間に就職し、65歳までの40年余りをそこで過ごすつもりで生きている。この思い込みも、いい加減更新されるべきだろう。

子ども時代の時間は「学校」に捧げ、大人になったらその対象を「会社」に変更する。このライフスタイルは、第1章でも説明した通り、そもそも産業革命期のイギリスで生まれた「工場労働者」のものだ。

日本で長期雇用が一般化したのも、20世紀の工業の発展が要因である。特に、高度経済成長期にはその傾向が加速した。熟練労働の必要な組立て加工業が産業の中核をなしていたため、各企業・工場が労働者を囲い込み、なるべく自社にノウハウを蓄積しようとしたのである。

しかし、こうした19〜20世紀の「工場」的な考え方は、実は21世紀にはまったく合っていない。

理由は二つある。

一つは、社会で求められる仕事がもはや昔のような「工場労働」ではないということ。熟練労働のニーズは、この30〜40年で一気に減った。テクノロジーの進歩によって「熟練工にしかできないこと」は大幅に減り、今ある仕事の大部分は、誰でもできる単純労働か、反対に高度な専門知識やスキルの必要な知識集約型産業だ。長い時間をかけて熟練工になるのではなく、前章で紹介した「タグ付け」のように、転職を重ねて複数の専門分野を身につけるほうが自分の市場価値も高くなる。

もう一つの理由は、もっと単純だが重要だ。人間の寿命が、１００年前の倍近くまで延びているということである。

１９００年頃の平均寿命を見ると、どの先進国でも概ね40～50歳の間に収まる。工場労働がメインだった頃、人々の寿命は今よりずっと短かったのだ。

しかし今、現代人の寿命は極めて長い。

１９５０年、日本人の平均寿命は60歳前後だった。だが、今は男女ともに80歳を超える。そして、１９９０年代、２０００年代に生まれた今の子どもたちは、１００歳近くまで生きる可能性が高いという。医療技術の進歩や生活環境の改善も、老化への対策を着実に増やしている。

実際、最近の年寄りは若い。日本老年学会などが、現在は65歳以上とされている「高齢者」の定義を「75歳以上」に見直す提言を発表したが、それも当然だ。昔は60歳といえば「おじいちゃん」だったが、今の60歳はまだまだ「おじさん」の域だ。60代でも筋トレをし、引き締まった体を維持している人はいくらでもいる。僕は趣味でトライアスロンに参加しているが、そこでも60代の人の姿は珍しくない。

70代になるまで「壮年」が続く上、寿命が100年近くあるとしたら、「65歳まで会社勤めをして、そのあとは年金生活」なんて古臭い人生設計はどうしたって通用しない。退職後、35年も年金だけで生きていくのは不可能だ。かといって、同じだけの期間を遊び暮らせる資産を作るためには、会社員としての報酬の大半を預貯金や投資に回さなければならない。それでは、人生を楽しむこと自体が難しくなる。

しかし、このジレンマを乗り越えるのは実は簡単だ。会社勤めを軸とした人生設計をやめればいいのである。

「老後の楽しみのために苦しい会社勤めに耐える」という考え方を捨て、「楽しく続けられる好きな仕事を、やる気が尽きない限り続ける」という生き方にシフトすればいい。一つの仕事に飽きたら別のことをし、働くのが本当に嫌になったらそれも中断する。お金がなくなったら、また好きなことをして稼ぐ。そう決めてしまえば、「定年に備える」必要もなくなる。

そもそも、現代人はもう、年齢のことを気にしなくていい時代に突入しているのだ。

テクノロジーの恩恵は、10歳だろうが90歳だろうが等しく受けられる。ならば、10代でも

20代でも、30代でも80代でも同じことをしていいはずだ。

人間は、10歳ぐらいになればすでに肉体的にも完成しているし、ある程度の知性も育っている。そのくらいの年齢に達したら、あとは死ぬまで好きなことをしていればいい。僕は本気でそう思っている。いちいち年齢で人生を区切り、大学、就職、老後というライフステージのことを考える習慣は、工場労働時代の名残でしかないのだ。

「ワーク・ライフ・バランス」なんて気にするな

学校に通っていた頃、ほとんどすべての人は授業中にこう考えていたはずだ。「早く放課後にならないかな」と。

そして現在、あなたは仕事中にこう思っていないだろうか。「早く終業時間にならないかな」と。

もしそうだとしたら、あなたにとっての会社は学校と同じくらい嫌で、つらく、我慢だけの無益な場所だということになる。

それを象徴する言葉が、一時期大流行した「ワーク・ライフ・バランス」だ。仕事とプライベートを切り分けましょう、もっと家庭や余暇を大切にしましょうというスローガンは立派だが、現実は「放課後を待ちわびる劣等生」に極めて近い。会社や仕事を「嫌な時間」としか見なしていない人の発想だ。

この言葉が日本で流行り始めたのも、この10年ほどのことだろう。２００７年には、内閣府が中心になって「仕事と生活の調和（ワーク・ライフ・バランス）憲章」なんてものも策定された。

でも、大切なのは本当にバランスなのか。僕はそこに大きな疑問を感じる。人生の30％を仕事に、30％を趣味に、30％を家庭に費やす。そんな、エネルギーの割り振りをいつも考えているような人生が、果たして本当に楽しいのだろうか。

僕はこんな分け方より、「やりたいこと」「やりたくないこと」という二つの区分を持つことの方を強く勧める。

この二択なら迷うまでもない。やりたいことに全力を投入すればいい。やりたいことで１００％人生を埋め尽くせるなら、それが一番いい。会社から自由になれば、それも可能なはずだ。

バランスのいい生活を、と言われるたびに、僕は小学生のときに学校の先生から指導された「三角食べ」を思い出す。1970年代に流行った給食指導なので、若い人は知らないかもしれない。主食→おかず→牛乳と、一口ずつバランスよく食べていけ、という内容である。

当たり前だが、こんな食べ方に、何かメリットがあるわけではない。ただ「こうすれば、すべてを均等に口に運べる」というだけではびこった指導法なのだ。消化吸収などの健康面を重視するのであれば、むしろコース料理のように、サラダ→肉→主食という順番で食べていった方がいいだろう。

僕は当然、食べる順番なんかそもそもどうでもいいと考える派だ。同じように、人生に「ワーク・ライフ・バランス」などという考え方は無用だと思っている。

もしかしたら、「それぞれを、ちょっとずつ味わうのが僕の望みなんです」と言う人もいるかもしれない。そんなあなたには、「一度でも本当にやりたいことに特化した人生に挑戦したことがあるのか」と聞いてみたい。

「あと1時間で退勤時間だ」

「週末になったら、めいっぱい遊ぶぞ」

あなたがいつも、そんな言葉で自分を奮い立たせているのなら、ここで改めて考えてみよう。貴重な一日の時間を、なぜ「嫌な時間」と「楽しい時間」に分けなければならないのか。

すべてを「楽しい時間」にする方法は本当にないのか？　ある、と僕は断言する。

学校では45分ずつに区切られた時間で、順番に、まんべんなく全教科を学んでいく。休み時間は授業の半分もなく、食事の時間すら決められている。

それとほぼ同じようなサイクルを、学校を出た後もまだ続けるなんてあまりにもつまらない。「無理に働かなくてもいい」「無理に家族に尽くさなくてもいい」という環境だったら何に24時間を使いたいか、本気で考えてみるべきだ。

人生なんて極端でいい。偏っていていいはずだ。その許可を自分に出せば、生きるのがもっと楽になる。

遊びは、未来の仕事になる

会社というトップダウン式の古臭い組織から脱出し、誰もが自分のやりたいことを優先するようになったら、世の中はどうなっていくのか。

「堀江さんの言うような働き方をみんながするようになったら、誰も何も生み出さなくなってしまうと思います！」

よく、僕の仕事観を聞いてそんな風に言ってくる人がいる。しかし、僕はそうはまったく思わない。みんながやりたくないことを潔く手放し、やりたいことを通じて周りに貢献するようになれば、むしろこれまで以上に生産的で、イノベーティブな社会がやってくると確信している。

なぜか？　嫌な仕事がなくなったら、人はヒマになって、「遊ぶ」しかなくなるからだ。そして遊びを極めることは、未来の仕事を作ることに等しい。第3章の話を思い出そう。没頭こそが、あらゆるイノベーションを生みだす源泉である。みんなが遊び始めれば、新しい仕事やコンテンツ、価値観がどんどん生まれるだろう。

実際、今ある仕事のうち、「遊びから生まれたもの」の割合は増え続けている。僕が関わってきたIT産業だってそうだ。

元来、インターネットは、民間の大学や研究機関同士でデータを交換するために生まれたシステムで、遊びとは無関係だった。今のように暇な人同士が会話をしたり、グラフィックソフトでカッコいいイラストを描いたり、漫画を読んだり、同人作家が読み物を発表したり、そんな「娯楽」に使うために生まれたものではなかった。

それが、多くの人がインターネットに触れるようになっていく過程で、「こんなことに使えたら楽しい」というアイデアが次々と生まれ、実現していった。そうやって「娯楽」のニーズが高まるとともに、それに関連するビジネスや、あるいは企業といったものが作られていったのである。

その時「即戦力」として重用されたのが、僕のような、すでにパソコンを使ってがむしゃらに「遊んでいた」人たちだ。僕らがこれまで勝手に培ってきた技術とインスピレーションが、「遊びから仕事になっていく」過程で活かされたのである。

ＡＩが人間にとって代わる仕事が議論されているように、「生きる」ために必要な、基本的な作業はほぼ機械がやってくれる時代がまもなくやってくる。そうなれば、人間に残される仕事は「遊ぶ」ことだけだろう。楽しくない作業の全てを機械にまかせられるのだから、あとは楽しいこと、自分がやりたいと思うことに励むだけになる。そして、よりよい未来をつくるために必要な知恵は、遊びの中にこそ詰まっている。

漫画家などは、まさにそれを象徴している存在だと思う。

僕と共同で「マンガ新聞」を主宰している編集者の佐渡島庸平さんは、「作家の想像力にはいつも驚かされる」とよく口にする。彼の担当している漫画『宇宙兄弟』を読むと、そう言いたくなる理由もよくわかる。

『宇宙兄弟』は、宇宙飛行士の兄弟を描いた物語だ。先に宇宙飛行士になった弟・日々人をおいかけて、兄の六太は宇宙飛行士の選抜試験を受ける。この試験の描写はとてもリアルで、読んでいると、「これは宇宙航空研究開発機構（ＪＡＸＡ）の取材協力があるんだろうな」と思わずにいられない。ところが、実は違うのだ。作者の小山宙哉さんは、自分で集めたごく普通の資料の中から、想像力でこれを描き上げてしまったのである。

さらに驚くことに、小山さんが描写した試験内容は、ＪＡＸＡが実際に行っているものに極めて近いという。つまり、宇宙研究に携わっているわけでもない一漫画家の想像力が、現実の世界をトレースしてしまったのだ。

佐渡島さんによると、小山さんの画を研究者に見せると、それが現在はあり得ない画であっても、「いつかこうなると思います」と返されることもあるのだそうだ。つまり、優れた想像力は、専門家の知識から導かれる未来像にも肉薄していくのである。

終戦と同時に漫画家デビューした巨匠・手塚治虫は、数々のＳＦ作品の中で、日本や世界の未来を描いた。自動化される暮らし、ロボット、クローン生物、不治の病の克服など、今や現実のものとなっている光景がすでにそこにはある。「より面白いものを描きたい」という情熱が、30年後、50年後の「科学の最先端」を描いたのだ。

こうした現実を見れば、いまだに「漫画ばかり読んでいる大人は情けない」などと言う人たちがどれだけナンセンスかわかるだろう。

遊びに詰まった夢や知恵をバカにし、「遊び」と「飯の種」の間に太い線を引いている人に、「新しい飯の種」を生み出すことなんてできない。彼らはいつまでも「会社が供給してくれる、すでに仕事として成立している仕事」だけを追い続ける。そしてその仕事は、テクノロジーの進歩によってみるみるうちに消滅していくのだ。

これからも、新しい仕事はどんどん生まれてくるだろう。その中には、あなたの遊びの技術、感性を必要とするものが必ずある。だからもっと全力で遊ぼう。「社会人が遊んでばかりいてはいけない」などという考え方はすでに流行遅れでしかない。楽しいと思えることの中にこそ、未来はあるのだ。

仕事を遊び倒す人生

僕はこの数年、「好きなこと=遊び」を仕事にしよう、と言い続けてきた。「やりたくないことをするのが仕事だ」という考え方をやめ、「やりたいからどんどんやってしまう」サイクルの中から仕事を生み出す。そんな生き方を提唱してきたし、誰より僕がそれを徹底してきた。

〝遊びを仕事にして、仕事を遊び倒す人生〟。

僕の人生を簡潔に表すとこうなる。他人からは遊んでいるように見えるかもしれないが、実は仕事をバリバリこなしている真っ最中、というようなことがほとんどだ。

本書のテーマである「学び」も同じ仲間だ。すなわち「遊ぶ」「働く」「学ぶ」を同化させた、三位一体型の人生を僕は送っている。

「遊ぶ」「働く」「学ぶ」を一緒にするというのは、それぞれの間に区切りを設けないということだ。お互いがシームレスに移行していく。あるいは、一つのアクションが、遊びとも、仕事とも、勉強とも解釈できる。そのような状態を、僕は「遊び倒す人生」だと考えている。

たとえば、あなたが家で、一冊の漫画を読んでいるところを想像してみてほしい。そのままだと、単なる「遊び」なのかもしれない。では、あなたがその漫画のレビューをウェブメディアに寄稿して報酬を得たらどうか。漫画を読む行為が「仕事」でもある、ということになる。

さらに、その漫画の内容が、あなたにとってとても刺激的で、もっとこのジャンルについて学びたい、と思わせてくれるものだったとしよう。するとどうだろう。漫画を読んでいるあなたは、「遊びながら、学びながら、働いている」状態になるのだ。

このサイクルを大きく広げていけば、三位一体型の生き方はそれほど難しいものではなくなる。

実際、僕が手がけてきた事業はそういうものばかりだ。たとえば、僕がプロデュースするグルメアプリ「ＴＥＲＩＹＡＫＩ」。厳選したグルメキュレーター、年に５００食以上は外食するような「食べるプロ」たちが、本当においしい店だけを的確に教えてくれるアプリである。

これは僕が日々、本当に美味な店にこだわって外食してきた経験から生まれたビジネスだ。典型的な、「好きなことをしていたら、いつのまにか仕事になった」パターンと言える。

僕は昔から、食事は外食と決めている。自分で料理をするのが嫌いだとか、苦手だとかいうわけじゃない。でも、所詮僕は料理に人生を捧げているプロではない。調理という行為にコストをかけるより、ある程度のお金を出して、一流シェフの作る料理を食べる方がコスパがいいに決まっている。

おいしいものを食べる喜びは、何ものにも代え難い。だから若い頃から、良い飲食店を探すための手間は惜しまなかった。「おいしいものだけを食べたい」という一心で店を食べ歩き、食通と呼ばれる人にも話を聞くように努めた。

「絶対においしいものを食べる」。そう決めて店を厳選し始めると、本当に信頼できるのはネットのグルメサイトなんかではなく、焼肉、寿司、フレンチなど、個別のジャンルに特化したキュレーターたちだ。彼らの持っている情報の希少さ・正確さを体感していくうちに、僕の中に「本当に信頼できるグルメアプリを作ろう」というアイデアが浮かんだのである。

そうこうしているうちに、自然と飲食業界についての知見も蓄積されてきたので、2016年にはそれをまとめて、『なんでお店が儲からないのかを僕が解決する』というレストランビジネスへの提言書を書いた。アプリの開発やそこからの派生事業によって、僕自身のグルメライフの質も高まり続けている。

楽しく、しかし本気で食べ歩き、その中で得た着想をビジネスにする。「好き」から始まるこのプロセスに、僕は「ここからが娯楽、リサーチ、仕事」という線を引くことができない。

僕は20代の頃から、「いつか画期的なグルメアプリを作ろう、これはそのリサーチだ」と思いながら居酒屋の暖簾をくぐっていたわけでは全くない。僕はただ、おいしいものを楽しく食べたいと思っていただけだ。そもそもその頃、世界に「スマホアプリ」なんてものは存在すらしていなかった。

これ以外にも、僕が「遊び」から生み出した仕事は山のようにある。ただ、どのビジネスにも共通しているのは、「自分で作った仕事だ」ということだ。作業を外注することはあっても、僕自身が、既存の事業や企業にぶらさがることはない。

つまり、グルメ道を追求しているからといって、「グルメ情報誌の会社に雇ってもらおう」などと、既存の組織に頼ることは絶対にしないのだ。それでは、「遊びながら」働くというわけにはいかない。どうしたって向こうの要求がネックになって、自由には動けなくなってしまう。

だからこそ僕は、「好きなことにハマり倒して、そこからさっさと起業しろ」と主張するのだ。自分で自分の仕事を作ってしまえば、そこに余計なストレス源を呼び込まなくてすむ。ただ没頭し続ければいい、という世界が出来上がるのである。

その生き方がどれだけ楽しいかは、やってみなければ決してわからないだろう。

脱洗脳のための、最初の一歩

この数年、残念に思ってきたことがある。

それは、「ほとんどの人は、何かを読んで感銘を受けても行動には移さない」ということだ。

『嫌われる勇気』というベストセラー本を知っている人も多いだろう。他人に振り回されずに生きることの大切さを、アドラー心理学を軸に説いたものだ。

この本を読んだ時、僕は大いに興奮した。「みんなのマインドが、この一冊で一気に変わるに違いない！」。そう期待を抱いたからだ。

でも実際は、世の中の雰囲気はまったく変わらなかった。読んで「すごいなあ」と思ってそれでおしまいにした人や、読んですらいない人が大半だったのかもしれない。実際に行動した人は、１％にも満たなかったのではないか？

本を買った人が全員〝嫌われる勇気〟を持ち、行動していたら、社会にはびこる固定観念は一新されただろうに……。

新しい考えが世に打ち出されても、人はなかなか動かない。それは、僕自身の活動の中でも痛感してきたことだ。

僕はこれまで、常に人の背を押し続けてきた。著書でも、ＳＮＳでも、オンラインサロンでも、「やればいい！」と言い続けてきた。

でも、その中で本当に「やった」人は少ない。

「堀江さんの本を読んで人生観が変わりました！」とリプライを送ってくれる人はいくらでもいる。しかし、僕があっと驚くような「行動」を見せてくれる人は滅多に現れないのだ。僕はそれを少々残念に思っている。

多くの人が、ほんの小さな「最初の一歩」を恐れる。そして、「踏み出す勇気がないので、叱咤激励をお願いします」と他人に甘える。だが、それではダメだ。その習慣こそが、学校教育によって植え付けられたものなのだから。

僕はいつだって「やればいいじゃん」と言う。だけど、「やれるようにしてください」という求めには応じない。なぜなら、「怖くてやれません」というのは、単に「やりたくない」ということだからだ。

やりたいことは、大いにやればいい。

やりたくないことは無理してやってはならない。

だから、あなたの本心が「やりたくない」であるならば、僕からのアドバイスはなしだ。人に何かを無理強いするなんて、そんなくだらないことで時間を潰したくはない。僕は学校の先生ではないし、誰の上司でもない。

ただ、あなたがそれでも「やっぱり幻想にとらわれない生き方がしたい」と思うのであれば、やるべきことは決まっている。

まず、立ち上がろう。

そして次に、足を踏み出そう。

いくら頭の中で「そうか、自分は思い込みにとらわれていたんだ。これからは自由に生きよう！」などと思い続けてもダメだ。今この瞬間から動き出さなければ、あなたの洗脳は解けない。

僕に感想リプライを送る前に、動き出してほしい。一人で立ち上がって、どれだけ小さくてもいいから「最初の一歩」を踏み出すのだ。

その時にこそ、今までの思い込みが幻想であったことを痛感できるだろう。

そして、「誰かに力を貸してもらわないと自分は変われない」という自己否定のブレーキが、単なる洗脳の結果だったことを実感するはずだ。

学校、そして会社という幻想から自由になれた時、あなたの「脱洗脳」は完了する。洗脳が解けたあとの清々しい世界をもしもあなたが体感できたなら、著者としてそれに勝る喜びはない。

おわりに

いまさら誰も驚かないだろうから、白状しておこう。

そもそも僕は、「教育」という言葉が嫌いだ。「教育についての意見を聞かせてください」と言われるたびに抵抗を感じる。一番苦手な話題だ、と言っても過言ではないかもしれない。これまでの本づくりでも、軽く触れこそすれ、まるまる一冊を教育というテーマに費やすことはなかった。では、そんな苦手な教育というテーマに、今回なぜ挑んだのか。

それは、「思い切って動き出したいけど動けない」人たちには、教育という洗脳を解くことがどうしても必要だと気づいたからだ。

僕はこれまで、SNSや著書を通じていつも「怖がらずにハンドルを握れ、アクセルを踏め」と繰り返してきた。そしてアクセルの踏み方（マインドセットのあり方）やハンドルの操作法（働き方や稼ぎ方）については、たくさんの本やメルマガなどで、いろんなアドバイスを述べてきた。みんなが前に進んでいかないのは、アクセルを踏んでいないからだろう。あるいは、ハンドルの操作法を知らないからだろう——それが僕の想像だった。

しかし、それだけではなかったようだ。多くの人は、すでにアクセルペダルは踏んでいる。ただ同時に、ブレーキペダルも踏んでしまっていたのだ。両方のペダルを踏んでいるから、タイヤが空回りするばかりでちっとも前に進まない。それこそが、「動けない」でいる人たちの現状だったのである。

正直、これはまったくの想定外だった。アクセルを踏まない人が多いことは想像できていた。しかし、まさか自らブレーキを踏んでいる人がいるなんて、考えもしなかったのだ。これではどんなに僕が口を酸っぱくして「前に進め」とアドバイスしても、あるいは「最初の一歩を踏み出せ」系の自己啓発本を読んでも、変われるはずがない。まずはベタ踏みしているブレーキペダルから足を離さないといけないのだ。

今回、僕は人々にブレーキを踏ませるものの正体について考えた。その答えが（学校）教育だったことはもうおわかりだろう。すべての教育は「洗脳」である。そして洗脳は、洗脳されていることを本人が自覚しない限り、本当の意味で解けることはない。

だからこの本は、「アクセルの踏み方教本」ではなく、「ブレーキの外し方教本」として書いた。自分のどこにブレーキがかかっていて、そこにどんな風に足を置いてしまっているか。それはどうやったら外せるのか。徹頭徹尾、その部分について語ったつもりである。これは、僕にとっては初めての試みだった。

結果本書は、これまでの僕の著書とはずいぶん趣の違う内容になった。僕の本を読むのが初めてだという方だけでなく、すでに何冊も手にとってくださっている方にも、新鮮な気持ちで読んでいただけたのではないかと思う。既存の教育を洗脳と呼び、そこから抜け出すことを推奨している僕の主張は、また多くの反応を呼ぶかもしれない。でも、最後まで読んでくれた人には、これが単なる学校否定ではないことがわかってもらえるはずだ。

僕たちの学びの可能性は、大きく広がり続けている。学校も、教師も、教科書もいらない。一人ひとりがもっと自由に、夢中になって新しい知を開拓できる時代がやってきたのだ。それは当然、新しい働き方、生き方のイノベーションにも直結している。その現実に目を向けることができれば、「一歩踏み出す」ことはぐっと簡単になるだろう。

古い洗脳から解き放たれた時、あなたはようやく、自分のアクセルの威力を知るはずだ。自分の力を全て解放して生きることの喜びを、満足感を、ぜひ味わってほしい。本書がその助けになることを、僕は願っている。

堀江貴文（ほりえたかふみ）

1972年、福岡県生まれ。本音で本質をえぐる発言が人気を集める敏腕実業家。SNS株式会社ファウンダー。'91年、東京大学に入学（後に中退）。在学中の'96年、有限会社オン・ザ・エッヂ（後のライブドア）設立。2002年、旧ライブドアから営業権を取得。'04年、社名を株式会社ライブドアに変更し、代表取締役社長CEOとなる。'06年１月、証券取引法違反で逮捕。'11年４月、懲役２年６ヶ月の実刑が確定。'13年３月に仮釈放。主な著書に『稼ぐが勝ち』（光文社）、『ゼロ』（ダイヤモンド社）、『本音で生きる』（SB新書）、『99％の会社はいらない』（ベスト新書）など多数。

すべての教育《きょういく》は「洗脳《せんのう》」である　21世紀《せいき》の脱《だつ》・学校論《がっこうろん》

2017年３月20日初版１刷発行

著　者 ── 堀江貴文
発行者 ── 田邉浩司
装　幀 ── アラン・チャン
印刷所 ── 近代美術
製本所 ── 関川製本
発行所 ── 株式会社光文社
東京都文京区音羽1-16-6（〒112-8011）
http://www.kobunsha.com/
電　話 ── 編集部03(5395)8289　書籍販売部03(5395)8116
業務部03(5395)8125
メール ── sinsyo@kobunsha.com

 ISBN 978-4-334-03974-5